Frauke Ludwig & Diana Schwarz

EINFACH TRAGEN

Für Anike, Antonia, Carlotta, Charlotte,
Elisabeth, Fine, Flemming, Isalie, Johanna,
Juliana, Leo, Marlin, Marlene, Mia, Moritz,
Paulina, Pauline, Raphael und Valentina

Frauke Ludwig
Diana Schwarz

EINFACH TRAGEN

Der Trage-Guide für mehr Nähe und eine gute Bindung

In Zusammenarbeit mit Kim Burmeister, Stefanie Eckstein, Helena Hagemann, Viktoria Kindermann und Nadine Kupka

Mit einem Vorwort von Herbert Renz-Polster

Kösel

Sollte diese Publikation Links auf Webseiten Dritter enthalten, so übernehmen wir für deren Inhalte keine Haftung, da wir uns diese nicht zu eigen machen, sondern lediglich auf deren Stand zum Zeitpunkt der Erstveröffentlichung verweisen.

Die Empfehlungen in diesem Buch sind von den Autorinnen und dem Verlag sorgfältig geprüft. Sie bieten keinen Ersatz für kompetenten medizinischen Rat. Alle Angaben in diesem Buch erfolgen ohne jegliche Gewährleistung oder Garantie seitens der Autorinnen und des Verlags. Eine Haftung der Autorinnen beziehungsweise des Verlags und seiner Beauftragten für Personen-, Sach- und Vermögensschäden ist ausgeschlossen.

Trotz sorgfältiger Recherche konnten leider nicht alle Rechteinhaber ermittelt werden. Bei berechtigten Ansprüchen wenden Sie sich bitte an den Verlag.

Penguin Random House Verlagsgruppe FSC® N001967

Redaktion: Imke Oldenburg
Umschlag: Weiss Werkstatt München
Umschlagmotiv: Karoline Vitellaro Dokumentarische Geburts- und Familienfotografin aus Hannover, www.karovitellaro-fotografie.de;
IG: karovitellaro_fotografie
Satz: Uhl + Massopust, Aalen
Druck und Bindung: Alföldi Nyomda Zrt., Debrecen
Printed in Hungary
ISBN 978-3-466-31191-0
www.koesel.de

Inhalt

Vorwort

Wenn ein Mensch sich »getragen« fühlt, dann beschreibt er damit irgendwie auch den Kreis seiner äußersten Gewissheit: Ich bin sicher, geschützt und geborgen. Die warme Kuhle des Lebens verorten wir also auch irgendwo auf einem menschlichen Arm – irgendwo, wo wir »umfasst« sind. Schon diese Metaphern zeigen: Tragen und Getragen-Werden sind Teil des menschlichen Seins.

Und das verdanken wir paradoxerweise einer Notlage. Wir Menschen können am Lebensanfang ein gutes Jahr lang nicht selber gehen. Und dann ein weiteres Jahr eher im Seemannsstil. Das liegt – letzten Endes – an unserer evolutionären Strategie: Wir Menschen setzen auf die Leistungen eines extrem kapriziösen Organs: des Gehirns. Dieser Supercomputer braucht Platz, und je besser er im Lauf der Menschheitsgeschichte wurde, umso mehr. Gleichzeitig gelang unseren Vorfahren schon vor vier Millionen Jahren die Aufrichtung auf die Hinterbeine. Das war zwar wunderbar, was die Übersicht und den freien Gebrauch der Hände anging, hatte aber auch einen Nachteil: Das Becken konnte ab da nicht immer breiter angelegt werden, damit der Kopf des Neugeborenen den Rutsch auf die Erde problemlos schafft. Jetzt musste ein Kompromiss her. Von nun an mussten die Menschenjungen mit ihren immer größer werdenden Köpfen eben zu einem immer früheren Zeitpunkt den Ausstieg aus dem Mutterleib antreten – ein immer längeres Stück der Schwangerschaft wurde sozusagen nach draußen verlagert. Kein Wunder können die frisch geborenen Menschenkinder also noch nicht einmal ihren Kopf halten!

Sitzen, Krabbeln, Laufen, all das dauert ewig – verglichen etwa mit der Entwicklung der anderen Menschenaffen. Das Motto der »physiologisch früh geborenen« Menschenjungen könnte man deshalb so beschreiben: aufholen, rasant schnell wachsen und lernen, lernen, lernen! Das Gehirn, das bei Geburt nur ein Drittel des Erwachsenenvolumens einnimmt, verdoppelt seine Größe in nur einem Jahr. Und hat sein Volumen mit drei Jahren dann verdreifacht (da hat es dann dafür sein Endvolumen fast schon erreicht)! Diese Aufholjagd schaffen die Menschenkinder nur im engen Miteinander, mit einer »Entwicklungsstütze« sozusagen: den ihnen vertrauten Erwachsenen eben. Sie helfen dem Säugling bei der Regulation seiner Gefühle und Impulse, sie trösten, sie ordnen seine übergroße Welt, damit er sie verstehen kann. In diesem Resonanzraum entwickeln die Säuglinge ihre Kräfte!

Bis im vorletzten Jahrhundert die ersten Gehsteige gebaut wurden, gab es kaum Alternativen, um mit einem Säugling von A nach B zu kommen. Die Kleinen waren bei uns notorisch umherstreifenden Menschen immer mit dabei, ob auf dem Arm, in Körben, Fellen, Lederschlingen, geflochtenen Matten oder gewobenen Tüchern. Und fanden dort im Grunde das Reifungsumfeld, das sie für ihren Hochseilakt erwarten: Nähe und Rückzugsraum einerseits, andererseits einen Logenplatz für die Kommunikation. Eine multisensorische Wiege für die Entspannungsaufgaben der Entwicklung (etwa Schlafen), dagegen Anregung und Austausch für ihre Entdeckungsreisen. Auch ein Übungsfeld für ihre Muskeln, Bänder und Gelenke, denn beim Tragen ist der kleine Körper ja immer wieder auf einer Art Achterbahn. Heute würde man das alles als Frühförderung bezeichnen. Kurz, das Tragen ist ein Menschheitserbe. Kein Wunder, dass wir uns getragen fühlen, wenn es das Leben gut mit uns meint!

Viel Freude mit diesem wunderschönen und praktischen Tragebuch wünscht

Herbert Renz-Polster

Einleitung

Vielleicht wartest du noch auf dein Kind, vielleicht hältst du es auch schon in den Armen – dann hast du sicherlich schon gemerkt, dass nichts mehr so ist wie vorher: Die Geburt eines Babys stellt alles auf den Kopf! Plötzlich ist da dieses kleine, zarte Wesen, das du monatelang wunderbar geschützt in dir herumgetragen hast. Du möchtest es beschützen, es spüren, es trösten – kurz, du möchtest das Beste für dein Baby! Auf der anderen Seite ist da natürlich der Alltag mit all seinen Aufgaben, vielleicht gibt es sogar Geschwisterkinder, die dich brauchen, und nicht zu vergessen: deine eigenen Bedürfnisse. Da wünscht man sich manchmal vier Hände, um alles gleichzeitig erledigen zu können!

Nun, vier Hände können wir dir natürlich nicht verschaffen – aber wir möchten dazu beitragen, dass du dein Baby entspannt und kuschelig bei dir haben kannst und gleichzeitig zumindest deine beiden Hände frei hast, um in den Anforderungen des Alltags nicht unterzugehen. Dafür nehmen wir dich mit in die Welt der Tragetücher und Tragehilfen! Wir zeigen dir, wie du dein Baby sicher, bequem und geborgen tragen kannst und worauf du besonders achten solltest, um deinem Kind und dir ganz nebenbei viel Gutes zu tun. Dabei schöpfen wir aus unseren langjährigen Erfahrungen, die wir in unzähligen Trageberatungen gemacht haben, und helfen dir, auch in schwierigen (Trage-) Situationen eine Lösung zu finden.

Vielen Menschen ist bis heute gar nicht bewusst, dass es eigentlich das Natürlichste der Welt ist, sein Baby zu tragen – schließlich haben die Menschen aller Kulturen, sozialen Schichten und Zeitalter es so gemacht. Einerseits, weil es keine Alternative gab, andererseits, weil es für alle Beteiligten so viele Vorteile hat – sogar in zahlreichen Gemälden wurde das festgehalten, ob sie nun Maria mit dem Christuskind zeigen oder Frauen bei der Feldarbeit, die ihr Kind auf den Rücken gebunden haben. Seit der Erfindung des Kinderwagens vor etwa 200 Jahren wurde dann überwiegend dieser zum Transport der Kinder genutzt. Doch weil es eben um so viel mehr als bloßen Transport geht, ist mittlerweile auch der Anblick von Eltern, die ihre Kinder tragen, wieder weit verbreitet. Wir sehen immer mehr Mütter und Väter, die ihre Babys ganz entspannt vor der Brust, manchmal auch auf dem Rücken, durch die Straßen tragen, und dabei wirken sie meist gar nicht so angestrengt, wie du das vielleicht erwarten würdest. Warum das so ist – und warum das so gut für dein Baby und dich ist –, und wie es auch dir gelingt, dein Kind in (fast) allen Lebenslagen bequem zu tragen, darum geht es in diesem Buch!

Tragen gibt dem Baby Sicherheit

Das Tragen hat unzählige Vorteile, denn es stärkt nicht nur die Eltern-Kind-Bindung, sondern erleichtert auch das Leben mit einem Baby erheblich. Menschenkinder sind nach ihrer Geburt so hilflos und nahezu ununterbrochen auf uns und den wichtigen Körperkontakt angewiesen, dass sich die meisten Babys nicht einfach ablegen lassen. Babys wollen auf den Arm – und das aus gutem Grund, denn auf ihre noch unausgereiften Sinnesorgane ist kein Verlass. Sie verstehen noch nicht, dass wir weiterhin existieren, sobald wir außerhalb ihrer Sichtweite sind, weil ihnen die Fähigkeit der Objektpermanenz noch fehlt. Und so ist es der Körperkontakt, der sie umgehend beruhigt und ihnen Sicherheit gibt.

Tragen ist praktisch

Da diese Beruhigung durch den Körperkontakt nicht nur bei der Mama fantastisch funktioniert, bezeichnen wir das Tragen auch gern als das »Stillen der Väter« beziehungsweise Partner:in. Wenn die Mutter sich nach dem Wochenbett langsam die Welt zurückerobert und feststellt, dass irgendwie plötzlich alles anders ist, hilft das Tragen wunderbar, eben nicht in allen Lebenslagen neu planen zu müssen. Fahrstühle, Gehwegbreiten, verschlossene Türen, alles kein Problem, wenn du dich mit zwei freien Händen durch die Stadt bewegen kannst.

Menschen sind Traglinge

Ein weiterer spannender Aspekt: Unsere Babys erwarten quasi nichts anderes, als getragen zu werden. Alles andere ist schlichtweg nicht in ihnen angelegt. Daher sind alle Instinkte und Reflexe des Babys auch auf das Tragen abgestimmt. Wir Eltern können uns daher entspannen und müssen keine Wissenschaft daraus machen, um die Aufrichtung des kleinen Menschleins zu fördern, denn das Tragen unseres Babys unterstützt seine motorische, sensorische und physiologische Entwicklung – ganz nebenbei. Das Baby gleicht beispielsweise unsere Bewegungen aus, wodurch unter anderem seine Tiefenmuskulatur gestärkt wird. Anders als es der erste Eindruck vielleicht vermuten lässt, hängt das Baby nicht einfach nur so an uns dran. Nein, es macht ein kleines Work-out, welches seine Muskulatur trainiert und es bei der Aufrichtung unterstützt.

Was erwartet dich in diesem Buch?

Tragen ist wundervoll! Da es so viele Aspekte der kindlichen Entwicklung – und des Familienlebens – berührt, umfasst dieses Buch ganz unterschiedliche Themen. Zuallererst sehen wir uns an, was es bedeutet, dass wir Menschen

Traglinge sind. Es ist wirklich hilfreich, wenn du die Physiologie deines Babys verstanden hast. Du wirst dann nicht nur deine eigenen Bedürfnisse beim Tragen – was etwa die Gewichtsverteilung oder die Gurtführung angeht – im Blick behalten, sondern darüber hinaus auch den Sitz deines Babys im Tuch oder der Tragehilfe gut beurteilen können.

Nach dieser Einführung in die spannenden physiologischen Grundlagen starten wir in die Praxis. Hier findest du nicht nur unsere besten Insidertipps, sondern auch Videoanleitungen, die du via QR-Code abrufen kannst, und viele Bilder, die dir dabei helfen, einen guten Überblick über das Tragen zu bekommen. So findest du heraus, welche Trageweise genau die Richtige für dein Kind und dich ist und welches Tragetuch, welche Tragehilfe für euch geeignet ist.

Da nicht immer alles reibungslos abläuft, geht es auch um die typischen Besonderheiten und Herausforderungen, die es im Baby- und Tragealltag gibt. Auch hier bieten wir dir viele Tipps und Tricks an, die dir das Leben erleichtern können.

Am Ende des Buches findest du jede Menge Hintergrundwissen, denn vielleicht wirst du in deinem Umfeld hier und da auf Fragen oder gar Widerstand stoßen. In zahlreichen Beratungsgesprächen und Kursen rund um das Tragen haben wir gemerkt, dass bestimmte Fragen oder Ängste immer wieder auftauchen. Damit beschäftigen wir uns hier und erklären dir kurz und knapp, warum das Tragen so gut ist – für dich und dein Kind.

Der Tragling

Erinnerst du dich noch daran, dass du im Biologieunterricht mal etwas darüber gelernt hast, wie unterschiedlich sich der Nachwuchs von Tieren entwickelt? Es ging um »Nesthocker« und »Nestflüchter«, also um Jungtiere, die entweder nach der Geburt noch länger immobil und deshalb auf sehr viel Unterstützung angewiesen sind, oder um solche, die direkt nach der Geburt im wahrsten Sinne des Wortes auf eigenen Beinen stehen und daher wesentlich selbstständiger sind. Dieses Schema wurde um eine dritte Kategorie ergänzt, nämlich den Tragling. Und den wollen wir uns hier etwas ausführlicher anschauen, denn genau das sind Menschenbabys. Oft fällt es uns viel leichter, die Grundbedürfnisse unserer Kinder zu erkennen und in unseren Alltag zu integrieren, wenn wir die biologischen Hintergründe kennen.

Werfen wir daher einen Blick auf die drei unterschiedlichen Gruppen! Die **Nesthocker** sind direkt nach der Geburt taub und blind, denn ihre Augenlider und Gehörgänge sind noch geschlossen. Da sie nackt sind, können sie ihre Temperatur nur sehr unvollkommen selbst regulieren. Darüber hinaus können sie sich noch nicht selbst fortbewegen – mit einem Wort: Nesthocker sind darauf angewiesen, dass sie von ihrer Umgebung versorgt werden. Erleichtert wird das dadurch, dass die Nahrung, die sie erhalten, oftmals sehr langanhaltend sättigt, sodass sie es längere Zeit ohne Nahrungszufuhr aushalten können. So kommen beispielsweise Kaninchen nur ein- bis zweimal am Tag zu ihrer Höhle, um ihre Babys zu säugen.

Ganz anders verhält es sich bei den **Nestflüchtern**: Bei ihnen sind Augen und Ohren schon direkt nach der Geburt geöffnet, sie verfügen auch bereits über die wärmende Körperbehaarung und können dem Muttertier bereits kurz nach der Geburt folgen. Da die Muttermilch eher fettarm ist, müssen Nestflüchter in kurzen Abständen gestillt werden, daher brauchen sie die Nähe zur Mutter.

Unter **Traglingen** schließlich versteht man alle Lebewesen, die von einem Elternteil getragen werden, weil sie sich noch nicht alleine fortbewegen können. Hier wird zwischen aktiven und passiven Traglingen unterschieden: Passive Traglinge, etwa Kängurus und Koalas (die sich spannenderweise später zu aktiven Traglingen entwickeln!), werden beispielsweise in den Beuteln ihrer Mütter transportiert. Dort setzen sie ihre Reifung fort. Aktive Traglinge sind hingegen beispielsweise Affen, die sich im Fell ihrer Mütter festhalten.

Richten wir den Blick nun auf Menschenbabys, fallen die folgenden Merkmale ins Auge: Ihre Augen und Ohren sind direkt nach der Geburt geöffnet, die Sinnesorgane sind noch nicht ausgereift und die Neugeborenen können ihre Temperatur nur sehr unzureichend regulieren. Darüber hinaus sind sie komplett hilflos, können sich noch nicht selbst fortbewegen und brauchen sowohl häufige Stillmahlzeiten, als auch intensiven Körperkontakt mit ihrer Hauptbezugsperson. All das macht deutlich: Menschen gehören zu den Traglingen, und zwar zu den aktiven.

Die Reflexe und das Hüftgelenk

Mit dem Wissen, dass der Mensch ein Tragling ist, erklärt sich schnell, warum Reflexe, Muskulatur und die Knochen des Babys sowohl am Tragen beteiligt sind, als auch stark davon profitieren. Viele Reflexe, die bei der U3 in der vierten bis fünften Lebenswoche untersucht und abgefragt werden, unterstützen das Baby beim Stillen und Tragen. Das Baby hilft also quasi instinktiv mit.

Schauen wir uns das doch mal genauer an:

Wird ein Baby abgelegt oder erschreckt, zeigt sich oft der **Moro-Reflex**. Dabei breitet es die Arme ruckartig zur Seite aus und spreizt die Finger. Bei Traglingen dient der Moro-Reflex beispielsweise dem Schutz vor dem Herabfallen oder Abgelegt-Werden: Das Baby klammert, es greift also sozusagen nach dem Fell, was man etwa auch bei Affen sehr gut beobachten kann.

Der **Greifreflex** ist unabhängig vom Moro-Reflex; beide können nicht gleichzeitig ausgelöst werden. Durch den Greifreflex hilft das Baby mit Händen und Füßen aktiv beim Tragen, indem es sich an Kleidung (oder Haare) klammert.

Der **Anhock-Spreiz-Reflex** wird dann ausgelöst, wenn wir unser Baby hochheben. Es hockt automatisch die Beinchen auf etwa 110 Grad an und spreizt sie dabei leicht. So bereitet sich das Baby instinktiv darauf vor, auf unserer Hüfte getragen zu werden. Durch den Greifreflex in Händen und Füßen hilft das Baby aktiv mit, sich dort auch zu halten. Es benötigt jedoch zusätzliche Hilfe durch unsere Arme, ein Tuch oder eine Tragehilfe, da wir Eltern schon lange nicht mehr über das notwendige Fell verfügen, an dem das Baby sich festhalten könnte.

Anhock-Spreiz-Haltung bei einem kleinen Baby

Der **Tonische Labyrinth Reflex** (TLR) schließlich wird in Abhängigkeit von der Position des Babyköpfchens ausgelöst: Neigt sich das Baby nach vorne, so rundet sich der Rücken und die Beinchen hocken an. Hält das Baby seinen Kopf aufrecht oder leicht nach hinten gebeugt, so streckt sich auch die Wirbelsäule und das Baby richtet sich ein wenig auf. Diesen Reflex benötigt das Baby bereits für die Geburt, er ist aber auch ein Zeichen dafür, dass wir es hier mit einem Tragling zu tun haben. Der TLR hat in den ersten Lebensmonaten einen großen Einfluss auf die Entwicklung der richtigen Kopfkontrolle, was in der aufrechten Haltung im Tuch oder der Trage unterstützt wird.

Die Hüfte

In den ersten Lebensmonaten ist die kindliche Hüfte noch ganz knorpelig und noch nicht verknöchert. Daher wird routinemäßig eine Hüftsonografie durchgeführt, um etwaigen Fehlbildungen des Hüftgelenks vorzubeugen: In diesem zarten Alter ist eine Korrektur von Fehlstellungen noch recht unkompliziert möglich. Eine weitere Möglichkeit, um Fehlstellungen der Hüfte vorzubeugen (oder sie zu behandeln), ist das Tragen, denn genau in der Position, die das Baby dabei einnimmt, der sogenannten Anhock-Spreiz-Haltung (ASH), sitzt das Hüftgelenk unseres Babys perfekt in seiner Hüftgelenkspfanne. Die Haltung also, die unser Baby beim Getragenwerden eigentlich ganz von allein annimmt, ist für eine **ideale Hüftentwicklung** nur förderlich.

Das Hüftgelenk ist ein Kugelgelenk, das sich aus der Hüftgelenkspfanne und dem Hüftgelenkskopf zusammensetzt. Bei der Geburt umschließt die Hüftgelenkspfanne den Oberschenkelknochen etwa zu zwei Fünfteln. Ist die Hüftgelenkspfanne ausgereift, umschließt sie den Kopf ungefähr zu drei Fünfteln.
Die zunächst noch knorpeligen Strukturen der Hüftgelenkspfanne können optimal reifen und verknöchern, wenn sie Bewegungsreizen, Druck und Reibung ausgesetzt sind. Die Bewegungen sollten dynamisch immer wieder Impulse in verschiedene Richtungen innerhalb der Pfanne geben und nicht immer auf die gleiche Stelle wirken. Im Kinderwagen oder dem Wipper werden aufgrund der gleichbleibenden Position, die das Kind einnimmt, auch immer gleichbleibende oder keine Reize ausgeübt. Federkissen oder -decken auf dem Baby können zusätzlich die wichtige ASH und notwendige Bewegungsmuster verhindern oder erschweren.

O-Beine

Vielleicht ist dir aufgefallen, dass Babys O-Beine haben und die Füße leicht nach innen gedreht sind, wenn wir sie hochnehmen. Auch dies ermöglicht den Babys, sich quasi an unsere Hüfte zu klemmen. Bücken wir uns mit dem Baby auf der Hüfte, merken wir sofort, wie aktiv es sich ausgleichend beteiligt. Durch diese Bewegung des Babys wird der Oberschenkelkopf in der Pfanne bewegt, wobei die notwendigen Reize zur Verknöcherung ausgeübt werden.

Babys mit Hüftdysplasie tragen

Es kann sein, dass bei deinem Baby eine Hüftdysplasie festgestellt wird – das kommt bei etwa vier Prozent aller Babys vor. Damit die Hüftgelenkspfanne und der Oberschenkelkopf richtig ineinander stehen, müssen sie in den ersten Monaten, wenn die Strukturen noch knorpelig und nicht verknöchert sind, in einer bestimmten Position – vorwiegend der ASH – gehalten werden. Es gibt Babys, bei denen der Oberschenkelkopf und die Hüftgelenkspfanne zu weit voneinander entfernt sind. Hier besteht dann die Gefahr, dass die Hüfte ungünstig nachreift. Wenn das der Fall ist, reicht manchmal breites Wickeln, doch in der Regel wird eine Spreizhose oder Schiene verschrieben. In schwereren Fällen wird manchmal das gesamte Hüftgelenk eingegipst, in ganz seltenen Fällen sogar operiert. Da diese Untersuchungen mittlerweile sehr früh stattfinden, können die Säuglinge mit sehr guten Ergebnissen therapiert werden. Leider werden die Babys durch die Spreizhosen oder Schienen stark in ihrer Beweglichkeit beeinträchtigt und können eigentlich nur die Rückenlage einnehmen.

Doch auch da kann das Tragen möglicherweise Abhilfe schaffen! Denn die Position, die unser Baby bei einer gut gebundenen Tragehilfe oder dem Tragetuch einnimmt, ist ja in den allermeisten Fällen genau die richtige. Manchmal kann das Tragen in der Anhock-Spreiz-Haltung sogar eine Schiene ersetzen – immer in Rücksprache mit dem behandelnden medizinischen Fachpersonal. Da wir unser Baby normalerweise nicht 24 Stunden in der Tragehilfe oder dem Tuch haben, sollte die verordnete Schiene in der restlichen Zeit dann natürlich angelegt werden.

Selbst mit angelegter Schiene, Spreizhose oder sogar einem Gips ist es in den allermeisten Fällen möglich, sein Baby zu tragen. Dazu sind vielleicht exotische Bindeweisen oder Anlegetechniken erforderlich, doch gerade in dieser Situation benötigen Babys und ihre Eltern ganz besonders viel Sicherheit und Trost! Der Anblick solch einer Schiene kann uns Eltern verunsichern und davor abschrecken, unser Baby hochzunehmen. Wenn die Babys dann auch noch viel weinen und der nötige Körperkontakt fehlt, kann sich das kontraproduktiv auf unser Nervenkostüm auswirken. Daher ist es gut und wichtig, dass wir gerade jetzt unser Baby viel tragen und ihm und uns Sicherheit und viel Nähe geben. Besonders in diesen speziellen Fällen empfehlen wir, dass du dir Unterstützung durch eine:n geprüfte:n Trageberater:in suchst.

DIANAS TRAGEMOMENT

Ich hatte mir schon lange ein Kind gewünscht, hatte meine romantischen Vorstellungen, wie ein Alltag mit Baby sich gestalten und anfühlen würde, aber es war alles ganz anders. Die Liebe war unvorstellbar viel größer aber auch viel anstrengender, als ich dachte. Kein Ablegen, dauerstillen und wenig Schlaf. Ich kam zu nichts! Doch dann lernte ich, das Tragetuch zu binden und plötzlich war da sowas wie Symbiose! Die Kleine schlief viel mehr und länger, wirkte zufrieden und entspannter und ich ebenfalls. Mein Lieblingslifehack ist der Gymnastikball. Dank ihm konnte ich endlich entspannt mit der Familie essen, während mein Baby zufrieden vor meiner Brust schlief. Und so saß ich bei fast jeder Mahlzeit oder bei der Arbeit am Laptop leicht wippend auf dem Gymnastikball und gaukelte meinem Baby einen Spaziergang vor. Ich hatte meine Hände wieder frei und statt zwanzig Minuten plötzlich meist zwei Stunden am Stück ein schlafendes Baby vor meinem Bauch und somit Zeit für mich.

Die Muskulatur und die Wirbelsäule

Man könnte meinen, dass getragene Babys nur passiv an dem/der Tragenden hängen und ihre Muskulatur sich somit nicht ausbilden oder kräftigen kann. Allerdings ist genau das Gegenteil der Fall. Die aktive Beteiligung durch Ausgleichsbewegung beim Tragen gibt immer wieder Impulse in die Tiefenmuskulatur des Babys und stärkt diese ganz nebenbei. Darüber hinaus kann ein getragenes Baby wunderbar trainieren, sein großes, schweres Köpfchen zu halten, weil es dieses auch immer wieder kurz an uns anlehnen kann.

Die aufrechte, gestützte Position ist für das Baby mit seinem im Verhältnis deutlich größeren und schwereren Kopf wesentlich angenehmer und für die Ausbildung der Muskulatur effektiver als eine liegende Position. Das kann man bei auf dem Rücken liegenden Babys beobachten: Versuchen sie, den Kopf anzuheben, fliegen mitunter die Beine mit hoch, ansonsten passiert nicht viel, außer einem angestrengten Stöhnen und Jammern.

Übertragen wir diese Situation nun in die getragene, angelehnte Position, dann braucht es viel weniger Kraft, um den Kopf kurz anzuheben, zur anderen Seite zu drehen und wieder abzulegen. Dies passiert ganz häufig am Tag, wenn dein Baby beispielsweise vor deinem Bauch getragen wird und das Köpfchen an deine Brust lehnt. Die Muskulatur wird gestärkt, die Kopfkontrolle kann ganz nebenbei erlernt werden, und auch die Entwicklung der Halslordose (mehr dazu im nächsten Kapitel) wird unterstützt.

Aufrichtung der Wirbelsäule

Die Wirbelsäulen von Neugeborenen und Erwachsenen unterscheiden sich zunächst noch in einigen Punkten voneinander. Die für uns typische doppelte S-Form ist zwar auch schon bei Babys erkennbar, jedoch richtet sie sich erst in den ersten beiden Lebensjahren richtig auf. Bis dahin ist es ein anstrengender Weg, denn diese Aufrichtung passiert nicht von allein. Es ist die Muskulatur, die die Wirbelsäule formt und zurechtzieht. Das können wir uns wie ein Work-out vorstellen, welches das Baby während des Aufrichtungsprozesses durchführt. Zunächst erarbeitet es sich die Bauchlage, anschließend den Handstütz, später dann den Hand-Knie-Stütz, noch später das Krabbeln und schließlich das Hochziehen in den aufrechten Stand. Immer wieder ändern sich die Anforderungen an das Bewegungssystem. Unser Baby vollbringt ganz nebenbei wahre Höchstleistungen, denn allein den Kopf beim Krabbeln nach hinten zu drehen und dann wieder nach

Die perfekte Haltung in Tragehilfe oder Tuch

vorne zu schauen, erfordert allerlei Fähigkeiten und Muskelkraft. Beim Laufen kommen dann noch die Beckenkippung, die Verlagerung der Schwerkraft und die Kraftverteilung auf beide Füße dazu. Alle diese Vorgänge laufen nahezu unbemerkt von uns ab, aber jeder einzelne ist wichtig. Die im Laufe dieser Entwicklung aufgebaute Muskulatur sorgt dafür, dass unser Baby gut gestützt durch das Leben gehen kann.

Spannend ist dabei, dass jeder einzelne dieser Entwicklungsschritte tief und fest in uns verankert ist: Unabhängig davon, wo sie aufwachsen, durchleben alle Kinder etwa die gleichen Entwicklungsschritte auf dem Weg in den Stand. Jedes in seinem ganz eigenen Tempo und zu seiner Zeit, aber vor allem eigentlich ganz nebenbei – vor allem, wenn wir unser Baby viel tragen. Dann passiert gerade die erste Entwicklung in Richtung Aufrichtung quasi von selbst. Das sind die einzelnen Schritte der Wirbelsäulen-Entwicklung:

- **Halslordose**
  Das Baby hebt, dreht und bewegt immer wieder seinen schweren Kopf. Dies fällt ihm in einer Tragehilfe oder einem Tuch viel leichter als in einer waagerechten, liegenden Position. Es begibt sich bald sicher in den Unterarmstütz (etwa im dritten bis fünften Lebensmonat), daher empfehlen wir, das Baby auch immer wieder in die Bauchlage zu bringen.
- **Brustkyphose**
  Das Baby ist in der Lage, sich selbstständig hinzusetzen; oft gelingt dies durch Wippen und Abrollen aus dem Vierfüßlerstand. Sobald das Baby sich selbst hinsetzt, darf es auch länger sitzen. Vorher solltest du es unbedingt immer noch stützen und halten!
- **Lendenlordose**
  Das Baby steht frei und sicher, lernt laufen.

Die vollständige Entwicklung unserer Wirbelsäule ist tatsächlich erst mit Einsetzen der Pubertät abgeschlossen.

Die Bandscheiben

Zwischen den einzelnen Wirbeln der Wirbelsäule liegen die Bandscheiben; sie sind dazu gemacht, Stöße oder Drehbewegungen wie ein Stoßdämpfer abzupuffern. Dabei verhindern sie ein Aufeinanderprallen oder -reiben der Wirbel.

Bandscheiben bestehen aus zwei Schichten: einem festen Außenring und einem Gallertkern, der einem Wasserkissen gleicht. Durch den täglichen Gebrauch als Stoßdämpfer beim Gehen, Stehen, Sitzen und Beugen verlieren sie nach und nach an Dicke. Sobald wir allerdings länger liegen – vor allem während der Nacht –, regenerieren sie sich durch Osmose. Dabei nimmt der Gallertkern wie ein Schwamm Flüssigkeit aus seiner Umgebung auf und saugt sich wieder voll. Deshalb sind wir auch morgens etwas größer als abends.

Die Bandscheiben deines Babys sind zwar noch nicht vollständig entwickelt und sogar noch durchblutet, aber auch in diesem Stadium können sie ihre Tätigkeit schon aufnehmen. Dabei ist aber zu bedenken, dass die Bandscheiben keinerlei Stöße oder Bewegungen abpuffern können, wenn das Kind horizontal im Kinderwagen liegt; selbst sehr gut gefederte Kinderwagen können nicht vollkommen verhindern, dass ruckelige Spazierfahrten direkt auf die Wirbel einwirken.

Die Ethnologin und Bindungsexpertin Evelin Kirkilionis hat Langzeitbeobachtungen durchgeführt, um herauszufinden, ob es durch das Tragen zu Schädigungen an der Wirbelsäule kommt. Bei keinem der 190 untersuchten und begleiteten Kinder konnten diese festgestellt werden. Im Gegenteil – die Hüftentwicklung der getragenen Kinder war deutlich verbessert, gerade auch bei Kindern mit Hüftdysplasien. Diese Dysplasien sind auch erst mit Einführung des Kinderwagens in nennenswerter Häufigkeit beobachtet worden.[1]

Tragen mit allen Sinnen

Fühlen, riechen, schmecken und noch vieles mehr – getragen zu werden ist ein Fest für die Sinne deines Babys. Da eben diese Sinne uns durch unser gesamtes weiteres Leben begleiten, ist es wichtig, dass unser Gehirn viele Eindrücke sammeln und kombinieren darf. Im besten Falle in einer geschützten, sicheren Umgebung, wie dein Arm sie bietet. Auf Augenhöhe kann dein Kind zum Beispiel Geräusche und die Dinge, die diese erzeugen, miteinander in Zusammenhang bringen. Dabei erlebt es gleichzeitig deine beruhigende Rückmeldung, dass auch in unübersichtlichen Situationen alles in Ordnung ist – einerseits durch besänftigendes Zureden, andererseits mittels deiner Körperspannung, die es sehr genau wahrnehmen kann.

Sehen wir uns unsere Sinne genauer an! Sie werden in zwei Gruppen unterschieden, die Körpersinne und die Fernsinne.

Fernsinne

- **Sehsinn:** visuelles System
- **Hörsinn:** auditives System
- **Geschmackssinn:** gustatorisches System
- **Geruchssinn:** olfaktorisches System
- **Tastsinn:** taktiles System

Körpersinne

- **Tastsinn und Wahrnehmen der eigenen Körpergrenzen: taktiles System:** Das Tuch/die Tragehilfe hilft dem Baby, seine Begrenzung zu spüren.
- **Wahrnehmung der eigenen Bewegung (Muskulatur, Gelenke etc.):** kinästhetisches System: Beim Wickeln und Hochnehmen können wir hier aktiv unterstützen, um gesunde Bewegungsmuster einzuprägen (siehe auch das Kapitel »Babyhandling«).
- **Gleichgewichts- und Lagesinn = vestibuläres System:** Schon einfache Tätigkeiten im Haushalt mit dem Baby in der Trage schulen diesen Sinn des Babys, da es sich immer wieder ausrichten und ausgleichen muss.
- **Vegetatives Nervensystem = viszerales System:** Wir können durch das Tragen und die beruhigende Wirkung das Nervensystem des Kindes positiv formen.

Ein exemplarischer Spaziergang für die Sinne

Das Baby wird im Tuch getragen (taktiles System: es spürt seine Grenzen). Die Mama hat es gerade etwas eilig, weil sie sich mit einer Freundin verabredet hat. Das Baby macht die Bewegungsmuster der Mama durch das festgebundene Tuch mit, muss aber manchmal ein wenig gegensteuern und ausgleichen (kinästhetisches System: hier bekommt es automatisch immer neue Reize durch Druck, Zug und die Bewegung seines Muskelapparates).

Gemeinsam mit der Freundin schlendert die Mama an einem Waffelstand vorbei (olfaktorischer Reiz), dessen Geruch sie nicht widerstehen kann. Als sie bezahlen will, fällt ihr aus Versehen der Geldbeutel auf den Boden. Sie bückt sich, um ihn wieder aufzuheben, während ihr Baby die Bewegungen ausgleicht (vestibulares System, Gleichgewichtssinn). Sie gehen mit der Waffel weiter spazieren, dabei nuckelt das Baby am Tragetuch (gustatorischer Reiz). Plötzlich heulen Polizeisirenen auf (auditiver Reiz). Die Mutter bleibt ruhig, das Baby kann sich über ihre unaufgeregte Körperspannung rückversichern, dass keine Gefahr droht. Es schaut seine Mama an (visueller Reiz), die ihm schützend die Ohren zuhält und ihm versichert, dass alles gut ist. Das Baby kuschelt sich wieder an seine Mutter (taktiles System). Während der ganzen Zeit läuft auch das viszerale System auf Hochtouren. Die Rezeptoren der Sinnesorgane schicken ihre Impulse an das Gehirn, damit sie dort ausgewertet werden.

Das Tragen unterstützt also nicht nur die körperliche Entwicklung des Babys, es hat darüber hinaus auch Auswirkungen auf die Entwicklung seiner Sinne. Wichtig ist in diesem Zusammenhang auch, dass es natürlich auch Kinder gibt, die das Getragen-Werden nicht vehement einfordern. Aber auch sie profitieren ungemein davon! Doch worauf muss man achten, wenn man ein Kind tragen möchte? Darum geht es im nächsten Kapitel.

FRAUKES TRAGEMOMENT

Ich werde es niemals vergessen. Mein erster Ausflug mit Marlene und ihrem Papa – 5 Tage nach ihrer Geburt – nach Rostock. Ich hatte keinen Schimmer, was ein Wochenbett bedeutet und wie sinnvoll es ist, wirklich zu Hause im Bett zu bleiben … Aber zurück nach Rostock. Ich hatte die bescheuerte Idee, den Papa meiner Tochter dorthin zu begleiten. Er hatte einen wichtigen Termin, ich war vorher noch nie dort und dachte, es sei egal, ob ich zu Hause sitze oder in einem Café. Gesagt, getan. Die zweistündige Fahrt war noch okay, ich setzte mich nach einem kleinen Spaziergang mit dem Kinderwagen wie geplant in ein Café und nach einer halben Stunde musste ich auf die Toilette. Der Papa beim Termin, ich alleine mit dem nagelneuen, teuren Kinderwagen und dem nagelneuen Baby und keinerlei Ahnung, wie ich das jetzt machen sollte. Ich konnte ja schlecht mein Baby auf den Fußboden des WCs legen, es allein im Kinderwagen zu lassen war für mich keine Option. Und es dauerte … und dauerte. Knapp zwei Stunden saß ich dort mit diesen Surfbrettern für den Wochenfluss in der Omaunterhose bis endlich der Papa wiederkam und ich gehen konnte. Ich habe so geheult wie noch nie auf der Rückfahrt. Das wäre mir mit einer Tragehilfe nicht passiert. Als ich nach dem Besuch einer Trageberaterin wusste, wie das Tragen funktioniert, habe ich bei wirklich jedem Toilettengang mit Baby an Rostock gedacht. Wie verrückt, dass man solche Banalitäten nicht auf dem Zettel hat und keiner einem so etwas sagt …

Auf einen Blick: Tragen macht's möglich!

Das Tragen hat so viele Vorteile, dass wir ein wenig ins Schwärmen geraten … Sowohl für dein Baby, als auch für dich selbst bringt das Tragen viel Erleichterung in den Alltag und unterstützt nebenbei die Entwicklung deines Babys auf ganz natürliche Weise. Vor der Geburt deines ersten Kindes kannst du vielleicht gar nicht abschätzen, in welchen Situationen du plötzlich eingeschränkt sein wirst und dringend deine Hände benötigst – da sorgt ein getragenes Baby für Abhilfe. Zusätzlich hat das Tragen großen Einfluss auf die Zufriedenheit deines Babys und trägt so zu einem entspannteren Alltag bei. Für euch beide!

Schlaf, Kindlein, Schlaf

Babys, die am Tag in der Trage geschlafen haben, schlafen meist in der Nacht ruhiger. Das liegt daran, dass der Schlaf in der Tragehilfe oder im Tuch weniger tief ist. Dadurch haben die Babys mehr REM-Phasen, in denen sie die vielen neuen Eindrücke verarbeiten können, und sind abends weniger aufgekratzt. Gleichzeitig lernen sie auch den Tag-Nacht-Rhythmus besser kennen. Gerade in den verschiedenen Hirn-Entwicklungsschüben fällt uns auf, dass sich unsere Babys plötzlich ganz anders verhalten: Oft weinen sie vermehrt, weil plötzlich alles wieder anders erscheint, sie wollen häufiger an die Brust und finden vor Aufregung weniger gut in den Schlaf, den sie aber sehr dringend brauchen. Und genau in solchen Phasen ist das Tragen eine große Hilfe: Erstens können die Babys auf der Hüfte oder auf dem Rücken sehr gut ihren Sehsinn trainieren, zweitens können sie sich eigenständig aus der Situation nehmen und schlafen, wenn ihnen alles zu viel wird. Wenn du dein Kind viel trägst, unterstützt du es also ganz nebenbei in seiner Entwicklung, während du deinen alltäglichen Verrichtungen nachgehst – und gleichzeitig sorgst du auch noch für ruhigere Nächte.

Mehr kuscheln, weniger weinen

Immer wieder zeigen Studien, dass Babys, die viel Körperkontakt haben, über den Tag hinweg signifikant weniger weinen als Babys, die nicht getragen werden. Körperkontakt (der für Babys gleichbedeutend mit Sicherheit ist) ist ein Grundbedürfnis, und wenn sie ihn nicht durch ihr Weinen einfordern müssen, weil sie ihn beim Tragen sowieso schon bekommen, erklärt es sich von selbst, warum es weniger Tränen gibt. Das bedeutet zwar nicht, dass getragene Babys überhaupt nicht weinen, aber sie tun es weniger häufig und weniger ausdauernd, als wenn sie nicht getragen werden würden.[2] Aber Achtung: Weinen ist Kommunikation, und Babys dürfen auf diese Weise ihr Unwohlsein mitteilen. Wenn das Baby beispielsweise ein Erlebnis mit (zu) vielen Reizen hinter sich hat und sich die Anspannung vom Herzen weint, dann kann es dadurch seinen Stresslevel reduzieren. So können bereits kleine Babys selbstwirksam wieder in die Entspannung finden. Das gelingt deinem Baby besser, wenn es sich an seiner Bezugsperson orientieren kann und diese – also du – das Baby feinfühlig beim Weinen begleitet (Stichwort Co-Regulierung). Lass dein Baby also nie allein weinen! Dabei geht es nicht darum, das Weinen immer zu vermeiden oder möglichst schnell zu unterdrücken, denn die Tränen haben ja durchaus ihren Sinn. Weint dein Kind viel und langanhaltend, lässt dich das sicherlich nicht unberührt – das kann der Einstieg in eine ungünstige Dynamik sein, weil das Baby deinen Stress spürt und darauf reagiert. Mitunter ist es dann empfehlenswert, sich Hilfe zu suchen (etwa zu einer Schreiambulanz, siehe auch Kapitel »Eltern und Kinder in besonderen Situationen«).

»Milk to go«

Wenn du dein Baby stillst und ihr nach einiger Zeit ein wirklich eingespieltes Team seid, dann kannst du – je nach Körperstatur und Brustgröße – dein Baby ganz nebenbei in einer Tragehilfe oder einem Tragetuch stillen. Das ist vielleicht der Beginn eines besonders entspannten Kapitels eures Zusammenlebens, weil du dein Kind außer zum Wickeln (oder wenn ihr es gerade nicht mehr mögt) kaum noch ablegen musst. Da tun sich ungeahnte Freiheiten auf!

Natürlich könnt ihr dem Baby in der Tragehilfe genauso gut das Fläschchen geben. Auch das will ein paar Mal geübt werden, aber dann erleichtert es den Alltag ungemein. Das Schöne ist, dass auch der Papa oder die Partnerin das übernehmen kann.

Das Stillen mit der Brust oder der Flasche funktioniert am einfachsten in Tragehilfen, die du problemlos etwas lockern kannst, damit dein Baby besser die Brust erreichen kann oder eben genug Platz für das Fläschchen entsteht. Auch im Tuch funktioniert das gut, wenn du das ganze System etwas lockerst und nach der Mahlzeit wieder nachstraffst. Meistens kommst du um ein erneutes Binden allerdings nicht herum.

Tragen (ver)bindet

Wenn du dein Kind stundenlang im Tuch oder der Tragehilfe nah bei dir hast, bist du vielleicht irgendwann froh, wenn dein:e Partner:in nach Hause kommt und dich ablösen kann – während du eine Weile die Freiheit genießt, ist umgekehrt dein:e Partner:in glücklich über die gute Gelegenheit, in die Bindung gehen zu können.

Ob beim gemeinsamen Kochen oder einem kleinen Spaziergang: Wenn das Baby in der Trage erst einmal zur Ruhe kommt, sich ankuschelt und das Oxytocin feuert, ist das für beide ein sehr schöner und bindungsfördernder Moment. Gleichzeitig hast du endlich Zeit, dich auszuruhen und die Überdosis an Körperkontakt, der du jeden Tag rund um die Uhr ausgesetzt bist, abzuschütteln und wieder bei dir anzukommen.

Da Babys sich beim Tragen ähnlich gut beruhigen und sicher fühlen wie beim Stillen, wird das Tragen oft als »Stillen der Väter« bezeichnet. Es ist einfach wie eine Superheldenkraft. Natürlich ist die Konkurrenz der Brust groß, denn Babys sind instinktiv sehr effizient und wählen immer den Weg, der am wenigsten Energie kostet. Dennoch akzeptieren Babys auch individuelle Beruhigungsvarianten, wenn wir sie immer wieder anbieten. So kann das Tragen eine große

Hilfe beim Trösten, bei der Einschlafbegleitung oder Eingewöhnung eines Babysitters sein. Auch für Geschwister, Großeltern und Babysitter ist das Tragen eine tolle Möglichkeit, dem Baby sehr nah zu sein und die Bindung zu vertiefen.

Eine aktuelle Studie zeigt eindrücklich: Väter mit einer belasteten Kindheit profitieren bereits nach drei Wochen vom regelmäßigen Babytragen und reagieren signifikant sensibler auf ihre Babys. Der Körperkontakt hat direkte Auswirkungen auf die Amygdala, wodurch sie sensibler auf das Weinen der Babys reagierten.[3]

Wenn es im Bauch rumort …

Gerade in den ersten drei Lebensmonaten leiden viele Babys unter Verdauungsproblemen, weinen vermehrt, krümmen und winden sich. Wenn dein Baby Bauchweh hat und unter schmerzhaften Krämpfen leidet, können sich die hockende Haltung, der Körperkontakt, die Wärme und die Bewegungen, die es beim Tragen automatisch erfährt, beruhigend auswirken, zudem wird der Bauch dabei schön massiert. Die aufrechte Position, die dein Baby in der Tragehilfe einnimmt, erleichtert es ihm auch, ein Bäuerchen zu machen.

Tragen und Fieber

Wenn dein Kind krank ist und fiebert, kann das Tragen Wunder wirken. Da Babys lange nicht in der Lage sind, ihre Temperatur selbst gut zu halten, fungieren wir als Wärmeleiter. Ist es draußen zu kalt, wärmen wir unser Baby mit unserem Körper – ist es zu heiß, kühlen wir es unter anderem durch unseren Schweiß, den es selbst noch nicht bilden kann, herunter. Bei Fieber wird es noch spannender: Frauen können ihr fieberndes Baby, wenn sie es Haut auf Haut tragen, um etwa ein Grad Celsius herunterkühlen. Natürlich ersetzt dieser Effekt keine anderen, eventuell erforderlichen Therapien, kann aber für den Moment unterstützend helfen.

Hände frei im Alltag

Babys werden in der Regel viel getragen – egal, ob nun aufgrund einer bewussten Entscheidung oder weil es einfach nicht anders geht. Nicht wenige von uns haben es zunächst ohne Tragehilfe oder Tuch versucht und ungeahnte Fähigkeiten entwickelt. Was wir nicht alles mit den Füßen aufheben, öffnen und schließen können, wenn wir unser Baby auf dem Arm haben …!

Spaß beiseite: Der Alltag mit einem Baby ist oftmals nervenaufreibend und anstrengend genug, die meisten Babys lassen sich nämlich nicht so ohne Weiteres ablegen und landen früher oder später auf dem Arm. Und wenn das sowieso so ist, warum dann nicht gleich im Tuch oder in der Tragehilfe? Das hat ja für alle Beteiligten viele Vorteile, von denen einer darin besteht, dass du wieder beide Hände frei hast. Durch die Bewegungen, die Nähe und vor allem die Sicherheit schlummert dein Kind selig, während du in Ruhe kochen, aufräumen, lesen oder arbeiten kannst. Auch ein spontaner Ausflug zum Supermarkt, weil beim Kochen irgendetwas fehlt, ist kein Problem. Einfach eine Tragejacke drüber und los gehts! Tragen macht unabhängig und gibt uns Eltern ein großes Stück Autonomie zurück. Wir brauchen weniger Hilfe, weil wir keinen Kinderwagen irgendwelche Treppen hoch oder runter schleppen müssen, wir können schnell noch in den Bus hüpfen oder uns auch durch engere Gänge bewegen. Einkäufe können beispielsweise einfach in einem Trolley transportiert werden – oder auch im Kinderwagen, den viele Eltern mitnehmen, um nicht das Kind, sondern ihre Einkäufe darin zu befördern. Das Kind bekommt in der Trage genau so viel vom Einkauf mit, wie es möchte, bevor es beim nächsten Nickerchen die neuen Eindrücke verarbeiten kann.

Das stille Örtchen

Trägst du dein Kind, ist es kein Problem, einfach auf die Toilette zu gehen; selbst bei einem Café- oder Museumsbesuch musst du gar nicht lange überlegen oder jemanden suchen, der dein Baby im Blick behält, während du mal kurz verschwindest. Aber auch zu Hause ist es mitunter wesentlich angenehmer, mit dem Baby umgeschnallt auf das »stille Örtchen« zu gehen, weil die Stille nicht dadurch gestört wird, dass dein Kind im Nebenraum plötzlich laut nach dir zu weinen beginnt. Denn es ist ja schon da, wo es am liebsten ist: in deiner Nähe!

Eine Reise, die ist lustig …

Mit Baby, Kinderwagen und Koffern bestückt eine Bahnfahrt anzutreten ist ein logistisches Meisterwerk. Insbesondere ist es eine wahre Herausforderung, den sperrigen Wagen zu verstauen. Wie gut, dass der auch zu Hause bleiben kann! Nimmst du dein Kind stattdessen in die Trage oder das Tuch, hast du beide Hände für das Gepäck frei und musst auch nicht nach einem »Parkplatz« für den Kinderwagen suchen. Auch hier ist ein Toilettenbesuch dann ganz einfach machbar. Ganz ähnlich verhält es sich mit dem Fliegen – die Trage ist auch hier der perfekte Reisebegleiter. Dein Baby ist in deiner Nähe, der Wagen muss nicht als Sperrgepäck aufgegeben werden und du hast die Hände frei.

Mobil in der Stadt

Je nachdem, wo und wie du lebst, bist du mehr oder weniger auf öffentliche Verkehrsmittel angewiesen. Vielleicht stellst du nach der Geburt deines Kindes fest, dass die U-Bahn-Station vor deiner Haustür gar keinen Aufzug hat und dass der Bus – den du vorher nie benutzt hast, weil du immer mit dem Fahrrad unterwegs warst – total überfüllt ist. Auch in diesen Situationen erspart es dir viel Stress, wenn du mit kleinem Gepäck und dem Baby in der Trage unterwegs bist.

NADINES TRAGEMOMENT

Wundervolle Tragemomente hatte ich mit meinen drei Kindern unzählig viele. Da fällt es schwer einen besonderen Moment hervorzuheben. Wenn ich aber darüber nachdenke, was mir in der Tragezeit am meisten geholfen hat, werde ich immer wieder die Situation beschreiben als mein zweiter Sohn geboren wurde. Sein großer Bruder war zu diesem Zeitpunkt erst 1,5 Jahre alt und wollte meine Aufmerksamkeit unter keinen Umständen teilen. Das war schwer für mein Mamaherz und natürlich auch nicht machbar. Schnell fing ich an das Baby zu Tragen, und vor allem auf dem Rücken war der Neuankömmling für den Großen quasi unsichtbar. Ich hatte die Hände frei, konnte spielen, kuscheln und ihn beim Rutschen auf dem Spielplatz auffangen, während das Baby friedlich schlummerte und ich die Nähe zu beiden genoss. Ich hatte das Gefühl allen Bedürfnissen gerecht zu werden und das war unbeschreiblich toll und gab mir als frischgebackene Zweifachmama ganz viel Mut und Selbstvertrauen.

Über Stock und Stein

Wenn du bei deinen Spaziergängen nicht nur über die breiten Waldwege, sondern auch mal querfeldein oder am Strand laufen möchtest, wird dir schnell klar, dass das mit einem Kinderwagen nicht ganz so einfach ist. Flexibler und unabhängiger bist du mit dem Baby in der Trage, und auch als Hundebesitzer:in ist es leichter, die täglichen Touren ohne Kinderwagen zu absolvieren.

Im Frühtau zu Berge …

Wenn du gerne wanderst oder Bergtouren machst, ist auch das mit einem Tragebaby leichter umzusetzen als mit dem Kinderwagen. Oft genug passt der gar nicht in die Gondel der Bergbahn oder über die schmalen, unwegsamen Wanderwege. Wie praktisch, wenn du nur mit Tragehilfe und Rucksack unterwegs bist!

Floh- und Weihnachtsmärkte

Wer jemals versucht hat, sich mit dem Kinderwagen einen Weg über den gut besuchten Weihnachtsmarkt zu bahnen, der weiß, warum eine Trage in solchen Fällen das Nonplusultra ist. Das Baby, geschützt vor dem Bauch, kannst du an allem teilhaben, ein Schnäppchen auf dem Flohmarkt ergattern oder im größten Gewühl einen (alkoholfreien) Glühwein genießen. Nicht selten ist der Trubel für die Kinder zu viel – behalte deshalb dein Baby gut im Blick!

Das höchste Glück der Erde ...

... liegt auf dem Rücken der Pferde! Falls du Reiterin sein solltest, ist dieses Hobby in den ersten Wochen nach der Geburt noch nicht so empfehlenswert, da der Beckenboden erst wieder gestärkt werden sollte, aber in den Stall kannst du natürlich trotzdem. Um die Hände für deinen Vierbeiner frei zu haben (und um zu verhindern, dass dein Baby allzu neugierig beschnuppert wird), empfiehlt es sich, auf dem Rücken zu tragen. Dann ist dein Baby da, wo es am zufriedensten ist und du kannst dein Pferd wieder versorgen.

Ab ins Wasser!

Es gibt nichts Genialeres, als mit einem Ringsling ins Schwimmbad oder an den Strand zu gehen! Natürlich funktioniert das auch mit einer anderen Tragehilfe, aber gerade mit einem Sling, der ja nur wenig Stoff benötigt, ist es ganz wunderbar. Du hast die Hände für deine Taschen frei, und auch der Toilettengang zwischendurch ist ganz unkompliziert möglich. Mittlerweile gibt es sogar schon spezielle Wasserslings, auch den Minimonkey können wir hier empfehlen. Diese Tragehilfen bestehen aus schnell trocknenden Materialien, die du sogar mit unter die Dusche nehmen kannst.

Restaurantbesuche

In den ersten Wochen nach der Geburt schlafen die meisten Babys noch sehr viel. Falls eures dazugehört, gönnt euch ruhig mit dem Baby in der Trage den einen oder anderen Restaurantbesuch! Das ist mit einem Neugeborenen unter Umständen einfacher als mit einem mobilen Kleinkind, das die Welt erkunden möchte … Es gibt Säuglinge, die es sehr gut tolerieren, wenn die:der Tragende sitzt und sie einfach dabei sind, andere Babys hingegen finden das nicht so gut und weinen, sobald sich die:der Tragende nicht mehr bewegt. Gehört euer Nachwuchs zur zweiten Kategorie, sind solche Restauranttrips nicht zu empfehlen, weil man dort ungern aufsteht und auf und ab läuft.

Gymnastikball

Dieser große, pralle Ball könnte dein neuer bester Kumpel in Sachen Baby-Beruhigung werden. Binde dein Baby in die Tragehilfe oder das Tuch, setze dich auf den Ball und dann ganz, ganz leicht auf und ab wippen – schon ist das Baby zufrieden (jedenfalls meistens). Das zarte Wippen suggeriert dem Baby, dass es an dich geschmiegt unterwegs – also in Sicherheit – ist. Stille und ein zu ruhiges Umfeld sind für Babys absolut unnatürlich, daher ist es ein weiterer Hinweis darauf, wie gut ihr Alarmsystem funktioniert, wenn sie sich in solchen ruhigen Situationen immer wieder melden. Wie gut, dass es den Ball gibt!

Abstand halten!

Man glaubt es kaum, aber selbst wildfremde Menschen kommen manchmal auf die Idee, einem sehr – also wirklich *sehr* – nahezukommen, sobald sie einen Säugling sehen. Ganz verzückt landet dann eine fremde Hand an der Wange des Babys, schneller, als man überhaupt reagieren kann. Trägst du dein Kind in einer Trage oder dem Tuch ganz nah bei dir, passiert so etwas sicherlich nicht. Du fungierst sozusagen als Abstandhalter, denn Erwachsenen gegenüber trauen sich die meisten Menschen ein solches übergriffiges Verhalten dann doch nicht. Ganz ähnlich verhält es sich mit den Wünschen Verwandter. Oft verleihen sie ihrem Bedürfnis, »das kleine Muckelchen jetzt aber auch mal auf den Arm« nehmen zu wollen, überraschend bestimmt Ausdruck. Trägst du dein Kind im Tuch oder der Trage, kannst du dich ganz anders positionieren und klarstellen, dass es da jetzt drin bleibt. Trau dich!

Baby-Autoschale

Autoschalen sind für die Fahrt im Auto gedacht, für nichts anderes – so einfach ist das! Auch wenn die Werbung suggeriert, dass Autositze wunderbar vielseitig einsetzbar sind und die Babys dauerhaft in ihnen verweilen können, so ist die Haltung, die die Kinder einnehmen müssen, absolut bedenklich. Die Babyschalen, die man außerhalb des Autos nicht in eine liegende Position bringen kann, fordern den Kindern eine sitzende Haltung ab. Da sie aber noch nicht selbstständig sitzen können, ist der Rücken zu schwach, um dieser Belastung standzuhalten. Werden die Babys müde, sacken sie in sich zusammen. Da der Reflex, den Kopf aufrecht zu halten, noch nicht ausgebildet ist, drückt der Brustkorb dabei automatisch auf den Bauch, was zu Atemschwierigkeiten und Verdauungsstörungen führen sowie die Wirbelsäule und die Nackenmuskulatur erheblich belasten kann.

Wenn du viel mit dem Auto unterwegs bist, dann lautet unsere Empfehlung, einen Ringsling oder auch eine vorgebundene Bindeweise mit dem elastischen Tuch zu nutzen. Das kannst du den ganzen Tag umgebunden lassen und das Baby immer wieder hinein- oder herausnehmen. Wenn du das einige Male gemacht hast, kennt dein Baby das Prozedere und wird vermutlich nicht mal mehr richtig wach, sollte es eingeschlafen sein. Nur Mut!

Einfach LOS!

Wenn dein Kind schläft und du eigentlich verabredet bist, stellt das beim Tragen kaum ein Problem dar. Du packst deine Tasche, bereitest alles vor, gehst noch kurz auf die Toilette und ganz zum Schluss legst du die Tragehilfe an oder bereitest das Tuch vor. Dann nimmst du dein Baby hoch, hältst es auf dem Arm, wiegst es ein wenig hin und her – und bindest es ganz ruhig ein. Vielleicht wird es kurz wach, aber in den allermeisten Fällen schlummert es selig weiter und du kannst los! Das funktioniert mit einem Kinderwagen in den seltensten Fällen.

Perfektionismus?!

Tragen soll vor allem bequem sein und Spaß machen! Also bitte nicht unruhig werden, wenn wir beispielsweise von Gradangaben bei der Anhock-Spreiz-Haltung schreiben – es ist nicht nötig, das mit dem Winkelmesser zu überprüfen! Wir möchten dir lediglich ein Gefühl dafür vermitteln, wie das Optimum aussieht und dich gleichzeitig ermuntern, den Perfektionismus auch mal links liegen zu lassen. Unsere Babys gehen nicht so schnell kaputt, auch wenn wir mal einen »bad-wrap-day« haben und alles nicht so richtig sitzt. Das Allerwichtigste ist, dass das Baby nicht aus der Trage herausfällt und immer ausreichend Luft bekommt – nicht anders als im Kinderwagen oder Babybett.

Praxis

Jetzt wird es ganz praktisch! In den folgenden Kapiteln erfährst du alles rund um das Handling, wichtige Informationen zu Sicherheitsaspekten beim Tragen, aber auch Videoanleitungen zu verschiedenen Bindeweisen und Anlegetechniken.

Sicherheit beim Tragen

Im Kapitel über den Tragling haben wir die Physiologie eines Babys genauer beschrieben. Um ein Baby nicht nur bequem, sondern auch sicher und physiologisch korrekt zu tragen, gibt es vier wichtige Punkte, an denen du dich immer orientieren solltest, unabhängig davon, ob du mit dem Tuch oder einer Tragehilfe tragen möchtest.

Die vier Grundpfeiler des sicheren Tragens

1. **Atmung**: Bekommt das Baby ausreichend Sauerstoff zugeführt und kann die ausgeatmete Luft gut abtransportiert werden (Stichwort »CO_2-Nester«)? Bitte achte darauf, dass keine großen Schals oder die Kopfstütze der Trage über dem Babykopf ausgebreitet werden, selbst wenn die Kopfstütze als UV-Schutz angepriesen wird.

2. **Stützung**: Kann das Baby das Köpfchen selbstständig halten, oder muss es noch zusätzlich gestützt werden? Kann sich der Babyrücken im Ruhetonus gut runden, ohne dass das Baby in sich zusammensackt?

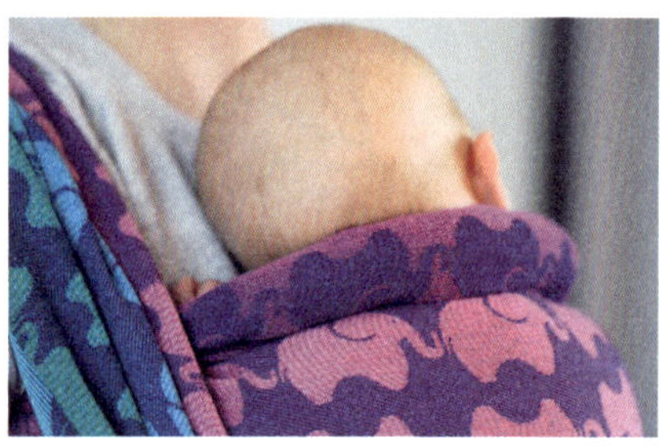

Gut gestützter Nackenbereich

3. **Anhock-Spreiz-Haltung**: Nimmt das Kind in dem Tuch/der Trage die Anhock-Spreiz-Haltung mit einer Anhockung von etwa 110 Grad und einer Abspreizung von maximal 90 Grad ein? Achtung: Ein waches Baby, das sich neugierig umschaut, nimmt eine aufrechtere Position in der Trage ein und hockt nicht mehr ganz so hoch an.

Kleines Baby in der Anhock-Spreiz-Haltung im Tuch

4. **Steg**: Werden die Babybeinchen etwa von Kniekehle zu Kniekehle durch das Tuch/die Trage unterstützt, oder ist der Steg zu schmal beziehungsweise zu breit? Ein fingerbreiter Abstand zwischen Kniekehle und Stoff darf gerne vorhanden sein.

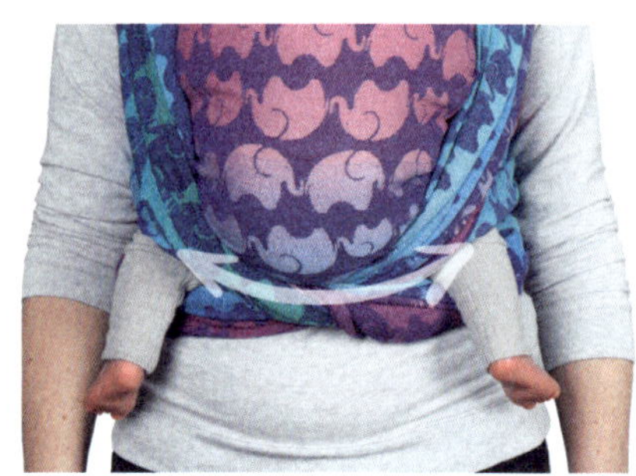

Babybeine in der Anhock-Spreiz-Haltung im Tuch

Die beiden ersten Punkte sind sicherheitsrelevant, daher solltest du jedes Mal, wenn du dein Baby trägst, darauf achten, dass es frei atmen kann und der Kopf gut gestützt ist. Die Punkte 3 und 4 helfen dir, positive Akzente für die Hüftreifung zu setzen.

Kopfstützen bitte zweckentfremden

Die meisten Kopfstützen suggerieren uns, dass sie flächig über dem Babykopf ausgebreitet und befestigt werden sollen. Genau davon raten wir dringend ab. Unter dem Stoff können Babys nicht gut atmen und im Sommer kann sich hier zusätzlich die Hitze stauen. Daher nutzen wir die Kopfstützen der meisten Tragehilfen als eine Art Nackenrolle. Das geht so: Raffe die Kopfstütze durch mehrmaliges, festes Eindrehen zusammen und knote sie an den Trägergurten oder am Rückenteil fest, sodass sie den Nacken des Babys gut stützt, aber die Nase frei bleibt. Wie das geht, siehst du in dem Video über den Mei Tai.

Zweckentfremdeter, aber sinnvoller Einsatz der Kopfstütze

Check-up

Ob dein Baby ausreichend gestützt ist, kannst du ganz leicht testen: Halte dafür den Kopf deines Babys mit der Hand und lehne dann deinen Oberkörper nach vorne. Bleibt der Oberkörper deines Babys an deinem, hast du fest genug gebunden. Kippt der Oberkörper des Babys jedoch von deinem weg, so ist die Stützung nicht ausreichend und du solltest noch einmal nachstraffen.

Sicher getragen – sogar beim Sport

Mit deinem Baby im Tuch oder in der Tragehilfe bist du fast so mobil wie zuvor, denn weder schlammige Wege noch Treppen oder zu enge Gänge können dich aufhalten. Du kannst sogar mit deinem Baby Sport machen, denn es gibt inzwischen viele verschiedene Konzepte, die das (getragene) Baby mit in den Kurs integrieren (etwa Fitness, Nordic Walking, Tanzen mit Baby). Der:Die geschulte Kursleiter:in hat dabei im besten Fall auch die körperlichen Veränderungen durch Schwangerschaft, Geburt und eventueller Stillzeit im Blick und berücksichtigt beim Training deine Bedürfnisse.

Dabei musst du natürlich darauf achten, dass dein Baby fest an dich gebunden ist und das Köpfchen sicher gestützt wird. Bei schnellen oder abrupten Bewegungen solltest du unbedingt aufpassen, da die Beschleunigung auch auf dein Baby wirkt. Daher sind beispielsweise Fahrradfahren, Joggen, Springen oder Skifahren mit dem getragenen Baby absolut nicht zu empfehlen; wir raten dringend davon ab. Selbst wenn du mit den Skiern auf der Piste zu Hause bist, so kann doch immer irgendjemand die Kontrolle verlieren und in euch hineinfahren. In einer solchen Situation wirst du kaum dazu in der Lage sein, kontrolliert zu fallen und dabei dein Baby zu schützen. Aber die Tragezeit und insbesondere auch die ersten Monate und Jahre mit deinem Baby gehen so schnell vorüber, dass du sicherlich passende Alternativen findest: ein zügiger

Spaziergang mit deinem Baby unter der Tragejacke, mit dem Fahrradanhänger in den nächsten Park fahren oder beim Training mit Tragehilfe etwas für deine Fitness machen und dabei neue Kontakte knüpfen – alles kein Problem. Und vielleicht passt ja dein:e Partner:in oder ein:e Freund:in auf das Baby auf, während du eine Auszeit hast und deinen Hobbys nachgehen kannst.

Das Babyhandling

Vielleicht wirst du vor allem in den ersten Tagen und Wochen unsicher sein, wie du mit deinem Baby umgehen sollst, welche Bewegungen und Haltungen gut sind und wo Vorsicht angebracht ist. So ein Neugeborenes wirkt ja ungemein zart und verletzlich! Daher erklären und zeigen wir dir in diesem Kapitel, wie du dein Baby richtig aufnehmen und es dabei sogar in seiner Entwicklung unterstützen kannst. Schau dir am besten unsere Videos zum Babyhandling an, bevor es richtig in die Praxis geht. So ist dein Kind während aller Handgriffe sicher und es kann ihm nichts passieren, wenn du dich daran hältst.

Kinästhetisches Aufnehmen und Ablegen

Die Kinästhetik – die Lehre der Bewegungswahrnehmung – kann dir dabei helfen, sicherer zu werden. Das Ziel der Kinästhetik ist es, die Bewegungsentwicklung zu fördern und die Bewegung gesundheitsfördernd zu gestalten. Der Schlüssel dazu besteht darin, den Menschen aktiv in die Bewegung einzubinden. Das ist ein ganz anderer Ansatz als passives Bewegt-Werden! In unserem Setting kommt hier vor allem dem Aufnehmen und Ablegen des

Babys große Bedeutung zu. Vor dem Hintergrund der Kinästhetik versuchen wir also, diese Bewegungssequenzen so zu gestalten, dass das Baby aktiv mitmachen kann. Bewege dein Baby so, wie es dies täte, wenn es das schon selbst könnte.

Das Baby aufnehmen und halten

Du nimmst das Baby mit beiden Händen im Schalen- oder C-Griff (siehe unten). Dann drehst du es zur Seite und hebst es aus dieser Position mit einer Drehbewegung über eine sitzende Position hoch.

In dieser seitlichen Position kann selbst ein ganz junges Baby bereits sein Köpfchen mit leichter Unterstützung unserer Fingerspitzen halten. Dabei verlässt zuerst der Kopf die Unterlage, dann der Oberkörper und zuletzt die Füße. Im Video siehst du, wie du dein Baby sicher aufnehmen und halten kannst.

Baby aufnehmen und ablegen, C-Griff und diagonaler Stützgriff

Bitte Vorsicht!

Wenn du dein Baby in ein Tuch oder eine Tragehilfe einbindest, gibt es immer wieder Momente, in denen du es nur mit einem Arm stützend halten kannst, weil du den anderen Arm für die Einstellung des Tuches oder der Tragehilfe benötigst. Es gibt einige spezielle Griffe, die gewährleisten, dass dein Kind jederzeit sicher gestützt wird. Diese entsprechen nicht komplett dem Ideal des Kinaesthetic Infant Handling, aber in diesen kurzen Momenten haben Sicherheit und Praktikabilität absolute Priorität. Die wichtigsten dieser Griffe stellen wir dir hier ausführlicher vor.

Der C-Griff

So hältst du dein Baby sicher auf deiner Schulter

Der sogenannte Schalen- oder C-Griff kommt zur Anwendung, wenn du das Baby hochnimmst. Möchtest du es in ein Tragetuch einbinden, führst du es auf deiner Schulter, um es von dort in das Tuch gleiten zu lassen. Verwendest du eine Tragehilfe, legst du dein Baby nicht auf der Schulter ab, sondern bringst es direkt vor deinen Bauch.

Um den Griff anzuwenden, formst du beide Hände wie ein C und fasst damit unter die Achseln des Babys. Dabei befinden sich deine Daumen vorne am Brustkorb, während die restlichen Finger den Rücken des Kindes bis hin zum Nacken und Köpfchen stabilisieren. Nachdem du dein Baby über die Seite hochgenommen und an deine Schulter gelegt hast, sicherst du es auch dort mit einer Hand im C-Griff: Liegt das Baby beispielsweise auf deiner linken Schulter, sicherst du es mit deiner linken Hand – die zum C-Griff geformt ist – an der Körperaußenseite. Auch dein Kopf gibt dem Baby Stabilität und Sicherheit.

Der Schwerpunkt des Babys bleibt dabei immer vor deinem Körper. Dazu bringst du beide Ärmchen des Babys über deine Schulter. In dieser Position ist das Baby perfekt gesichert, auch wenn es sich in die eine oder andere Richtung überstrecken würde. Selbst bei einer plötzlichen Bewegung hättest du es mittels C-Griff fest im Griff und gesichert. Im Video zeigen wir dir, wie du dein Baby gut stützen und halten kannst.

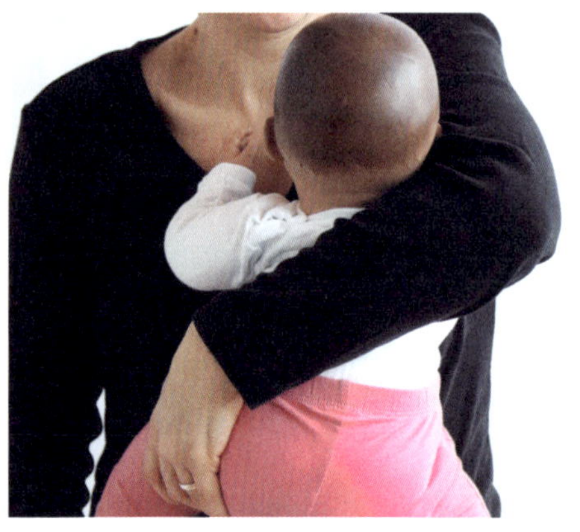

Diagonaler Stützgriff

Der Diagonale Stützgriff

Der Diagonale Stützgriff (DSG) ist der zweite Sicherungsgriff, der bei jeder Trageweise vorkommt. Er ermöglicht es, Kopf, Nacken, den gesamten Rücken sowie Po- und Oberschenkelbereich zeitgleich zu stützen. So kann auch ein sehr junges Baby mit sehr niedrigem Muskeltonus sicher mit einem Arm aufrecht vor dem Körper des Tragenden positioniert werden. Mit dem sichernden Arm greifst du dazu direkt neben dem Köpfchen des Babys über seine Schulter hinweg, diagonal über den gesamten Rücken bis zum gegenüberliegenden Oberschenkel beziehungsweise zur gegenüberliegenden Kniekehle; dort fasst du den Oberschenkel. Achte darauf, dass du mit deiner Schulter nach vorne gehst. Am besten funktioniert der Griff, wenn das Baby nicht zu hoch, sondern lieber etwas tiefer platziert ist. Wenn du deinen Ellenbogen anhebst, kann die Beuge das Köpfchen und den Nacken des Babys stützen.

Beim Diagonalen Stützgriff schleichen sich manchmal Fehler ein, daher ist es wichtig, besonders auf die beiden folgenden Punkte zu achten:

- Es reicht nicht aus, wenn du das Baby nur von unten mit der Hand stützt; auch dann nicht, wenn du das Tuch oder die Tragehilfe bereits über seinen Rücken gezogen hast. Solange dort noch keine Spannung aufgebaut ist und das Tuch/die Träger sicher gehalten werden, kann sich das Baby immer noch nach hinten durchdrücken.

- Bitte presse das Baby nicht mit dem Unterarm an deinen Körper: Durch die Handhaltung entsteht gerader Druck auf den Rücken. Babys reagieren darauf häufig mit Durchstrecken.

Wenn du dein Baby aufgenommen hast, kannst du es im Tuch oder in der Tragehilfe positionieren und ganz unterschiedliche Tragetechniken nutzen – je nachdem, was sich für dein Kind und dich gerade richtig anfühlt.

Tragen vor dem Bauch

Tragen kann so wunderbar einfach sein, und mit der richtigen Bindeweise oder Tragehilfe haben wir viele verschiedene Möglichkeiten, unser Baby zu tragen. Ganz zu Beginn wirst du vermutlich mit dem Baby vor dem Bauch die erste intensive Kuschelzeit genießen. Wir bekommen kaum genug davon, dieses kleine wunderbare Wesen den ganzen Tag zu betrachten und das gelingt am besten, wenn wir es vor dem Bauch tragen.

Ab wann?

Du darfst dein Baby vom ersten Tag an tragen, solange gesundheitlich nichts dagegenspricht. Falls du einen Kaiserschnitt hattest, sprich bitte mit deiner dich betreuenden Hebamme oder Gynäkolog:in, ob der Heilungsprozess der Narbe unauffällig verläuft. Bei einem unauffälligen Verlauf spricht in der Regel nichts gegen das Tragen. Vielmehr ist es sogar so, dass das Tragen ohne Tragehilfe für die Rückbildung und die Wundheilung eher kontraproduktiv ist, da die (Ausgleichs-)Haltung, die du dabei einnimmst, nicht optimal ist und das Baby öfter hochgenommen und abgelegt wird. Gerade das Aufnehmen und Ablegen sind jedoch die Handgriffe, die den Körper am meisten belasten.

Zu Beginn empfiehlt es sich, mit eher kurzen Tragezeiten zu beginnen. So wie du beim Training in einem Fitnessstudio nicht gleich mit der maximalen Belastung startest, sondern sie allmählich steigerst, verhält es sich auch mit dem Tragen: Deine Muskulatur wird sich der neuen Belastung anpassen und mit der Zeit mitwachsen. Auch dein Baby wird dir zeigen, wenn es nicht mehr getragen werden möchte. Du musst es also nicht mit der Stoppuhr in der Hand nach einer vorgegebenen Zeit aus dem Tuch binden. Nimm dir selbst immer mal wieder Auszeiten mit dem Baby vor dem Bauch – gerne auch im Sessel, falls dein Baby das mag.

Beim Tragen vor dem Bauch hat nicht nur dein Baby die Möglichkeit, Blickkontakt mit dir zu suchen, sondern auch du wirst das Gesicht deines Babys oft betrachten und häufiger mit ihm sprechen, was die Sprachentwicklung enorm fördern kann. Ihr lernt euch so besser kennen, du wirst die Signale deines Babys mit der Zeit viel besser deuten können und der Aufbau einer sicheren Bindung wird erleichtert. Das gilt unbedingt für beide Elternteile!

Neugeborene sehen zu Beginn nur schemenhaft und recht unscharf, trotzdem beginnen sie schon Sekunden nach der Geburt mit der visuellen Erkundung ihrer Umgebung. Sie entwickeln schon bald eine Vorliebe für das Gesicht ihrer Bezugspersonen und verbinden es auch mit den Wahrnehmungen anderer Sinne, wie beispielsweise dem Geruch von Mama und Papa.

Tragen auf der Seite

Im Alter von drei bis vier Monaten wird dein Baby schon viel besser in der Welt angekommen sein. Auch das beidäugige Sehen hat sich entwickelt: Die von beiden Augen gelieferten Informationen verschmelzen nun zu einem gemeinsamen Bild. Damit startet das räumliche Sehen und dein Baby kann nun auch etwas entferntere Gegenstände erkennen und Bewegungen mit den Augen verfolgen. Auch die Farbwahrnehmung ist nun ähnlich wie bei einem Erwachsenen.

Oftmals kommt etwa in diesem Alter der Zeitpunkt, an dem dein Baby mehr sehen möchte. Es drückt sich vielleicht beim Einbinden von dir weg, dreht das Köpfchen und zeigt eindeutig, dass es jetzt gerade nicht mehr rückwärts getragen werden möchte. Und genau dann reagieren viele Eltern sehr bedürfnisorientiert und drehen ihr Kind in der Tragehilfe mit Blickrichtung nach vorn um, damit es wie gewünscht mehr sehen kann. Ihr Bauchgefühl trügt die Eltern dabei nicht, sie deuten die Signale ihres Babys vollkommen richtig. Jedoch raten wir davon ab, das Baby nach vorne gerichtet zu tragen.

Warum nicht face forward?

In vielen Ländern ist das sogenannte Face-forward-Tragen nicht aus dem Alltag wegzudenken, doch die Fachleute im deutschsprachigen Raum sind sich einig, dass sie davon eher abraten oder maximal einen sehr bewussten Einsatz dieser Trageausrichtung befürworten. Für diese Einstellung gibt es gute Gründe:

Wird das Baby mit dem Gesicht in Laufrichtung getragen, kann es sich von all den Reizen, die auf es einströmen, nicht aktiv zurückziehen. Während es sich beim Tragen mit dem Gesicht zum Körper der Bezugsperson einfach an diese ankuscheln und sich so aus der Situation herausnehmen kann, ist das beim vorwärtsgerichteten Tragen kaum möglich. Für die:den Tragende:n wirkt es sogar so, als sei das Baby an seiner Umgebung sehr interessiert, wenn es den Kopf mal auf die eine und mal auf die andere Seite dreht. Aber das Gegenteil ist der Fall. Das Kind möchte sich aus der Situation herausnehmen und kann es nicht, und so ist es den vielen Umgebungsreizen weiterhin ausgesetzt. All diese Reize wollen später verarbeitet werden. In der Regel passiert das am späten Nachmittag und in den Abendstunden und führt dazu, dass das Baby untröstlich weint. Dies kann ein Anzeichen für Reizüberflutung sein. Zudem verstecken sich Kinder in neuen Situationen gern instinktiv hinter der Bezugsperson und warten erstmal, ob die sich nähernde Person vertrauenswürdig ist. Beim Face-forward-Tragen »geht« das Kind in die Ungewissheit voraus, was vielleicht im ersten Moment aufregend, aber meist sehr schnell beängstigend wird.

So besser nicht!

Wenn du also den Eindruck hast, dass dein Baby gerne mehr von der Welt sehen möchte, dann gibt es mehrere Positionen für das Tragen, die besser geeignet sind. Auf der Hüfte beispielsweise kann es sich der Außenwelt zuwenden, doch ebenso kann es sich auch wieder an dich ankuscheln. Dein Baby ist jetzt in der Lage, beweglichen Objekten langsam mit den Augen folgen, was einerseits spannend, aber eben andererseits sehr aufregend sein kann. Daher sind Positionen vorteilhaft, in denen es sich in der

Tragehilfe oder dem Tuch durch Blick- und Körperkontakt mit dir immer wieder rückversichern kann, dass alles in Ordnung ist. Es kann aus der sichersten Umgebung ganz ohne Angst neue Erfahrungen für sein weiteres Leben sammeln und gleichzeitig auch der Reizüberflutung vorbeugen.

Wie, ab wann und womit auf der Hüfte tragen?

Auf der Hüfte kann das Baby im Tuch, im Ringsling (dazu später mehr) und auch in vielen Tragehilfen getragen werden. Du hast dadurch allerdings eine einseitige Belastung an Schulter und Rücken, was nicht dramatisch ist, wenn du dein Baby nicht ausschließlich so trägst. In diesem Fall empfehlen wir, in gewissen Abständen die Seite zu wechseln. Wenn sich das seltsam anfühlt, so ist das nicht ungewöhnlich: Die meisten von uns haben für das Tragen auf der Hüfte eine Art Lieblingsseite. Trag deshalb so oft es geht im Wechsel auf der Hüfte, vor dem Bauch oder auch auf dem Rücken.

Wenn es für dich angenehmer ist, kannst du auch dein neugeborenes Baby schon gut gestützt auf der Hüfte tragen. Entscheidest du dich dafür, liegt der Fokus eher auf den Vorteilen, die diese Trageposition mit sich bringt, als auf dem möglichst guten Sichtfeld deines Babys: Du hast eine Seite frei für das ältere Geschwisterchen, auf einer milchgefüllten Brust entsteht kein Druck, eine verletzte Schulter wird entlastet – oder vielleicht ist es dir einfach angenehmer, auf der Hüfte zu tragen.

Auch wenn der direkte Transfer vom Bauch- zum Rückentragen für euch noch nicht passt, kann das Tragen auf der Hüfte einen guten Zwischenschritt zwischen beiden Positionen darstellen. Und ein Ringsling, der sich zum Tragen auf der Hüfte besonders gut eignet, ist so schön klein, dass man ihn leicht mitnehmen kann. Daher ist es auch später noch problemlos möglich, selbst größere Kinder zwischendurch auf der Hüfte zu tragen. Diesen Tipp möchten wir auch allen Eltern geben, die viel den Kinderwagen nutzen: Ist das Baby wach und will auf den Arm, kann es – beispielsweise im Ringsling – auf der Hüfte getragen mit uns gemeinsam die Welt entdecken.

Rund um die Trageberatung

An vielen Stellen dieses Buches empfehlen wir dir, dass du dir eine Trageberatung gönnen solltest. Dabei geht es uns nicht um Werbung in eigener Sache, aber wir fragen ja beispielsweise auch eine:n Steuerberater:in um Rat, wenn es knifflig wird. Genau so verhält es sich hier auch! Dabei handelt es sich in der Regel um eine einmalige Leistung, denn schon ein einziger Termin kann deine Trage-Welt verändern und hilft, Fehlkäufe zu vermeiden. Vielleicht ist eine Trageberatung auch ein schönes Geschenk zur Geburt? Ein:e Trageberater:in kommt in den meisten Fällen zu dir nach Hause, bringt eine geeignete Tragepuppe und viele verschiedene Tragesysteme mit, damit du die für dich perfekte Variante finden kannst. Die Tragehilfen und -tücher, die sie oder er im Gepäck hat, sind oft spannende Nischenprodukte und nicht in jedem Babyfachmarkt zu finden. Aber alles, was du hier anprobierst, ist in der Regel schnell online bestellt und in kürzester Zeit bei dir zu Hause.

Tragen auf dem Rücken

Schon ab dem ersten Tag kannst du dein Baby auf dem Rücken tragen – auch, wenn es zugegebenermaßen ein wenig Mut erfordert, es dort hinzubekommen …! Daher empfehlen wir gerade für das Tragen auf dem Rücken eine Trageberatung, um in Ruhe zu üben und Sicherheit zu bekommen.

Wenn es sich um dein erstes Baby handelt, stellt dich vielleicht schon der ganz alltägliche Umgang mit diesem winzigen Lebewesen vor einige Herausforderungen; eventuell musst du dich erst einmal in deine neue Rolle als Elternteil hineinfinden. Und dann auch gleich noch Zeit und Kraft aufbringen, um das Baby auf dem Rücken zu tragen? Dafür gibt es durchaus gute Argumente! Dein Beckenboden, besonders wenn er durch die Schwangerschaft noch weich und anfällig ist, wird es dir danken, wenn du dein Baby eher hinten als vorne trägst. Das Gewicht auf dem Rücken bringt dich eher in eine positive Aufrichtung, denn der menschliche Körper ist schlicht und einfach dafür gemacht, schwere Lasten auf dem Rücken zu tragen. Bei einer so positionierten Belastung spielen Rücken- und Bauchmuskulatur optimal zusammen.

Vielleicht hilft es dir, in der ersten Zeit auf der Couch oder auf dem Bett sitzend das Baby auf den Rücken zu bringen, oder wenn du dabei Unterstützung durch eine:n Partner:in oder ein:en Freund:in hast. Mitunter gibt es schon genug Sicherheit, um sich an das Tragen auf dem Rücken zu wagen, wenn du weißt, dass helfende Hände in deiner Nähe sind.

Mit dem Tragetuch auf dem Rücken

Wenn du bereits Kinder hast, ist es für die größeren Geschwister ganz wunderbar, wenn nicht immer ein neues Baby den Weg zum Kuscheln versperrt. Gerade bei Eltern, die bereits Trageerfahrungen mit ihren älteren Kindern gemacht haben, steht das frühe Rückentragen daher hoch im Kurs. Zudem ist es auch wirklich sehr bequem und komfortabel.

Schließlich kann es auch in anderen Situationen angebracht sein, das Baby auf dem Rücken zu tragen: Bei postpartalen Depressionen oder ersten Bindungsschwierigkeiten hilft es den Eltern, ihr Baby sicher geborgen auf ihrem Rücken zu wissen, während sie selbst etwas mehr Ruhe oder Weite empfinden, als wenn sie das Kind eng vor ihrem Körper tragen würden. Ganz nebenbei wird durch den intensiven Körperkontakt die Ausschüttung des Bindungshormons Oxytocin angeregt, außerdem weint das Baby weniger, was für die Eltern entlastend ist.

Ab wann auf dem Rücken tragen?

Es spricht wie gesagt überhaupt nichts dagegen, das Baby schon direkt nach der Geburt auf dem Rücken zu tragen – doch die Entscheidung liegt bei dir. Es gibt bei dieser Frage keine Zeitfenster, an die man sich halten muss. Du wirst vermutlich merken, dass dein immer schwerer und größer werdendes Baby nach den ersten Kuschelwochen vor dem Bauch mehr sehen möchte; vielleicht wächst auch bei dir das Bedürfnis nach ein wenig Freiheit für dich selbst, das Spielen mit den älteren Geschwistern oder beim Kochen. Dann ist wahrscheinlich der richtige Zeitpunkt gekommen, um das Rückentragen einfach mal auszuprobieren, und deine Erfahrungen werden dir zeigen, ob es sich gut anfühlt. Tendenziell lassen sich jüngere Babys oft einfacher auf den Rücken bringen, weil sie motorisch noch nicht so fit sind wie ein Kind, das sich schon drehen, krabbeln oder gar laufen kann.

Auf dem Rücken getragen, ergeben sich ganz neue Erlebnisse für euch beide und du wirst vermutlich merken, dass du dein Baby zwar nicht so gut sehen kannst, ihr auf der anderen Seite aber mehr über Körperspannung miteinander kommuniziert. Deine Sinne werden sich »nach hinten richten« und du wirst genau merken, ob dein Baby sich gerade aufgeregt nach oben drückt, um den vor euch laufenden Hund besser sehen zu können, oder ob es sich müde ankuschelt, um ein wenig zu schlafen. Und falls du doch mal schauen möchtest, was dein Baby gerade auf dem Rücken macht, hilft dir der Selfie-Modus deines Handys oder ein kleiner mitgeführter Taschenspiegel.

Wir empfehlen das Tragen auf dem Rücken gerne ab dem dritten Lebensmonat des Babys, weil es dann in der Regel mehr sehen möchte. Auch der Bewegungsreiz in die richtige Richtung, den es geschützt hinter dem Tragenden erlebt, ist für das Baby eine spannende und gleichzeitig entspannende Erfahrung.

Übrigens: Falls du Probleme hast, ein verrutschtes Mützchen zu richten oder die Kopfstütze zu positionieren, finden sich immer liebe Mitmenschen, die sich freuen, dir zu helfen.

Zwillinge und Mehrlinge tragen

Gerade bei Mehrlingen kann das Tragen eine absolute Bereicherung sein. Und ja, wir können auch mehrere Babys gleichzeitig tragen, benötigen dafür allerdings wirklich Übung. Dazu gibt es ein paar Dinge, die wir euch unbedingt mitgeben möchten.

Den meisten Zwillingseltern ist schon sehr damit geholfen, eines der Babys zu tragen, damit die Hände für das andere Baby frei sind. Unerfahrene Trageeltern sollten daher unbedingt zunächst lernen, **ein** Baby sicher zu tragen.

Tandemtragen mit Zwillingen

Klassische Zwillingstrageweisen sind eher die Kür nach der Pflicht, und technisch eigentlich auch erst dann umsetzbar, wenn man die notwendige Routine bei der ersten Bindeweise oder Tragehilfe erreicht hat.

Auch wenn gerade Zwillingsmütter oft auf ihren Beckenboden aufmerksam gemacht und darauf hingewiesen werden, dass das Tragen zweier Babys enorm schädlich sein soll, können wir hier nur von den Erfahrungen berichten, die wir bci vielen Trageberatungen mit Zwillingseltern gemacht haben: Die Rückmeldungen zeigen deutlich, dass es wesentlich entlastender ist, die Babys im Tuch oder der Tragehilfe zu haben, als »das hundertfache Geschleppe/Unter-den-Arm-Geklemme/Baby-Auto-Schalen-Gezerre« durchzuhalten, das Zwillingsmütter und -väter sonst jeden Tag bewältigen müssen. Tragetücher oder -hilfen entlasten!

Wenn jedes Elternteil ein Baby trägt, ist allen vermutlich am meisten geholfen. Möchtest du beide Babys gleichzeitig tragen, dann empfehlen wir auch hier ganz klar eine Trageberatung bei einem:r versierten Berater:in.

Tragen im Sommer

Auch in unseren Breitengraden kann es im Sommer sehr warm werden. Daher sollten wir immer die Hitze, die UV-Strahlung und auch den Flüssigkeitsverlust durch Schwitzen im Hinterkopf behalten – aber auf das Tragen selbst müssen wir nicht verzichten. Bitte achte gerade bei hohen Temperaturen auf ausreichend Flüssigkeitszufuhr – für dich und dein Kind. Babys werden im Sommer vermutlich öfter nach der Brust oder dem Fläschchen verlangen, während die Erwachsenen gerne unterschätzen, wie viel Wasser sie eigentlich zu sich nehmen sollten. Bei den Babys gilt, solange sie noch jünger als sechs Monate sind, sowohl für Muttermilch als auch für die Fläschchen: Immer Milch statt Wasser pur. Dein Baby bekommt über die Milch ausreichend Flüssigkeit und wird vor der Beikostreife vor einer sogenannten Wasservergiftung geschützt. Bitte achte darauf, dass du die Muttermilchersatznahrung immer genau nach Herstellerangaben anmischst und nicht weniger Pulver als angegeben verwendest.

Beim Tragen wirkt jede Tuchlage wie eine weitere Kleidungsschicht, mehrlagige Bindeweisen sind also eine ziemlich warme Angelegenheit. Daher bieten sich bei sommerlichen Temperaturen eher einlagige, luftige Bindeweisen an; bei Tragehilfen lohnt es sich, nach sparsam gepolsterten Modellen Ausschau zu halten. Materialien wie Leinen, Seide, Bambus, Hanf, Wolle können zudem temperaturausgleichend wirken und werden deshalb häufig als angenehmer empfunden.

Wenn irgend möglich, solltest du die heißeste Phase des Tages meiden und schattige Plätze bevorzugen – auch ein Sonnenschirm mit UV-Schutz kann sehr hilfreich sein. Bitte nutze die Kopfstützen der verschiedenen Tragehilfen nicht als Sonnenschutz, auch wenn sie aus einem Material bestehen, dass laut Herstellerangaben gut dafür geeignet ist. Die Atmung geht ganz klar vor und du schützt dein Baby vor CO_2-Nestern, die sich unter den Kopfstützen entwickeln können.

Generell sollte der Sonnenschutz für das Baby am besten über die Kleidung erfolgen. Hier gibt es viele verschiedene Möglichkeiten. Lange, luftige Hemdchen und Hosen mit UV-Schutz sowie ein Sonnenhut mit breiter, wei-

Tragen im Sommer: Immer für Schatten sorgen!

cher Krempe, der den Nacken und das Gesicht gleichermaßen schützt, sind eine gute Wahl. Beim Tragen rutschen auch die langen Hosenbeine gerne mal nach oben; um das zu vermeiden, könntest du die Hose eine Nummer größer wählen. Es gibt auch Babystulpen mit integriertem UV-Schutz.

Die Verwendung von Sonnencreme ist eine ganz individuelle Entscheidung. Unsere Empfehlung lautet: Körperstellen, die nicht durch Kleidung vor der Sonne geschützt werden, können mit Sonnencreme eingecremt werden. Da die Babyhaut noch sehr empfindlich ist, kann die UV-Strahlung fast ungefiltert in die tieferen Hautschichten eindringen und diese recht schnell schädigen. Für Babys solltest du spezielle Sonnencreme verwenden, bevorzugt mit mineralischem Filter, und immer ohne Parfum, Konservierungsstoffe, Farbstoffe etc.

Trägst du dein Kind Haut auf Haut, können durch den sauren Schweiß durchaus auch Hitzeausschläge entstehen. Eine Mullwindel zwischen dem Oberkörper des Kindes und des Tragenden kann Abhilfe schaffen. Denke am besten immer an Wechselkleidung für dich und dein Baby!

Tragen im Winter

Auch bei niedrigen Temperaturen sind einige Dinge zu beachten, wenn du dein Kind tragen möchtest. Eine Faustregel lautet: Wenig zwischen Träger und Baby – viel Drumherum. Und bitte immer auf die Luftzufuhr beim Baby achten! Daher empfehlen wir sehr nachdrücklich, keine großen Schals auf dem Babykopf abzulegen oder die Jacken bis über dem Babykopf zuzuziehen.

Im Winter geht es darum, das Baby ausreichend warmzuhalten. Das funktioniert am besten durch möglichst direkten Körperkontakt, der einen optimalen Wärmeaustausch ermöglicht. Zu diesem Zweck gibt es spezielle Tragejacken (siehe auch folgendes Kapitel), die vor allem für sehr kleine Babys, die selbst noch keinerlei Bewegungswärme erzeugen, ideal sind. Trägst du dein Kind unter einer solchen Jacke, reicht für das Baby die reguläre »Wohnzimmerkleidung«, ein zusätzlicher Plüschoverall ist nicht nötig. Den Kopf und die Füße kannst du zusätzlich mit einer Mütze und wärmenden Socken oder Lammfellschuhen vor der Kälte schützen.

Ältere Kinder kannst du mit entsprechend warmer Kleidung auch außerhalb der Jacke tragen. Gut geeignet sind hier beispielsweise Wollwalkanzüge. Herkömmliche Schneeanzüge hingegen eignen sich nicht so gut, da die wärmenden Luftkammern beim Tragen plattgedrückt werden und so die Wärme nicht mehr halten können. Bei Bedarf kannst du zusätzlich ein Tragecover nutzen. Damit die Träger- oder Tuch-Enden beim Binden nicht im Matsch landen, kannst du sie vorübergehend in die Hosen- oder Jackentasche stecken oder sie in eine große Einkaufstasche legen. Dann wird nichts dreckig oder nass. Aber selbst wenn das passieren sollte, ist es nicht weiter schlimm, denn die Enden berühren ja in den seltensten Fällen unser Baby, sodass es keine Rolle spielt, wenn sie mal schmutzig oder feucht werden sollten.

Die Tragevariante empfehlen wir mit Bedacht zu wählen, denn auf dem Rücken getragen kannst du dein Baby im Falle eines Sturzes nicht vor einem Aufprall schützen. Beim Tragen vor dem Bauch ist die Sicht zwar möglicherweise etwas eingeschränkt, was gerade bei Rutschgefahr zusätzliche Risiken birgt, jedoch kannst du dich mit beiden Händen abstützen und so das Baby schützen. Trägst du auf der Hüfte, ist dein Sichtfeld nicht eingeschränkt, doch bei einem Sturz ist nur ein Arm voll einsatzbereit, um dich abzustützen und dein Kind zu schützen.

Tragen im Winter

Noch ein abschließender Hinweis zu den Schuhen: Bei Rutschgefahr solltest du unbedingt auf solides Schuhwerk achten und eventuell sogar Spikes nutzen.

Tragejacken oder -cover

In der kalten Jahreszeit gibt es verschiedene Möglichkeiten, um dein Baby während des Tragens warmzuhalten. Du kannst ganz einfach eine übergroße Winterjacke verwenden, die noch genug Platz bietet, damit auch der Nachwuchs darunter passt, oder du gönnst dir einen speziellen Einsatz, mit dem du deine Jacke erweitern kannst, ein Tragecover oder eine Tragejacke. Mittlerweile gibt es von verschiedenen Herstellern wunderbare Produkte

Tragejacke

und zahlreiche Möglichkeiten. Der Hersteller Mamamotion beispielsweise hat die »Kumja« (KommUnterMeineJAcke) entwickelt. Dabei handelt es sich um einen keilförmigen Einsatz, der sich mit Hilfe verschiedener Reißverschlussadapter in die jeweiligen Jacken der Tragenden einzippen lässt. Damit kann man auch schon mit dickem Babybauch noch die eigene Jacke nutzen.

Tragejacke

Eine fertige Tragejacke ist, wie der Name schon sagt, eine spezielle Jacke, die den Einsatz für das Baby oder den schwangeren Bauch bereits mitliefert und mit der man sogar auf dem Rücken tragen kann. Hier befindet sich ein weiterer Reißverschluss, den man aber kaum bemerkt, wenn man nicht genau darauf achtet. Soll auf dem Rücken getragen werden, so wandern Baby und Einsatz einfach auf den Rücken. Das zeigen wir dir in dem Video, das du mithilfe des QR-Codes finden und abspielen kannst. Die Handhabung muss etwas geübt werden, aber auch das geht nach einigen Versuchen leicht von der Hand. Gewusst wie!

Eine weitere Möglichkeit, das Kind zu wärmen, bieten Tragecover. Sie sind vor allem deshalb sehr praktisch, weil jeder in der Familie sie nutzen kann, ohne dass spezielle Adapter oder Reißverschlüsse benötigt werden. Einfach die Trage mit dem Baby anlegen, das Cover drumherum legen und befestigen und danach die eigene Jacke anziehen. Die kann dann zwar nicht ganz geschlossen werden, aber das Cover hält alle warm und geschützt.

Tragejacke anziehen mit dem Baby auf dem Rücken

Tragetuch oder Tragehilfe?

Was ist am besten für mein Baby? Diese Frage stellen sich sehr viele Eltern, wenn sie über das Tragen nachdenken und mit der riesigen Auswahl konfrontiert sind. Auf diese Frage gibt es keine pauschale Antwort – sowohl Tragehilfe als auch Tragetuch bieten die Möglichkeit, ab Geburt zu tragen. Wichtig ist, dass der:die Tragende und das Baby sich sicher und wohlfühlen. Schon bei der Auswahl des Tuchs oder der Tragehilfe kann eine Trageberatung hilfreich sein, um die Variante zu finden, die optimal zur Situation der jeweiligen Familie passt.

Schaut man zurück in die Menschheitsgeschichte, wird klar, dass Kinder seit ewigen Zeiten weltweit in Tragetücher eingebunden werden. Tragehilfen, wie wir sie heute kennen, sind noch eine sehr junge Erfindung, und mittlerweile gibt es Tragetücher und auch Tragehilfen für jeden Geschmack. All diese Systeme haben Vor- und Nachteile – es lohnt sich also, genau hinzuschauen und zu überlegen, welche Wünsche und Bedürfnisse wirklich ausschlaggebend für die individuelle Situation sind.

Die Entscheidung, ob Tragetuch oder Tragehilfe, aus welchem Material, welcher Hersteller oder welches Design, ist ein wenig mit der Auswahl einer Jeans zu vergleichen. Nur weil eine Jeans von der besten Freundin heiß geliebt wird, bedeutet das noch lange nicht, dass du das Modell auch bequem findest. Du würdest vermutlich auch keine Jeans einfach so bestellen, ohne die Möglichkeit, sie zu testen und anzuprobieren. Und genau so ist es auch mit den Tragehilfen oder -tüchern. Probier sie aus und fühl dich hinein!

Die Vorteile einer **Tragehilfe** sind die schnelle Erlernbarkeit, die leichte Handhabung und das schnelle Anlegen. Die Nutzung einer Tragehilfe bedeutet auch, dass weniger Stoff zu binden ist; das ist besonders bei Hitze sehr angenehm, ebenso beim Anlegen unterwegs. Viele Eltern schätzen zudem die Sicherheit, die eine fertige Tragehilfe mit Bauchgurt und Schnallen mit sich bringt. Nachteile sind neben dem manchmal höheren Preis die vielen Verstellmöglichkeiten. Denn diese sind Fluch und Segen zugleich. Hast du die Schnallen und ihre Möglichkeiten verstanden, kannst du die Tragehilfe optimal an die verschiedensten Körperstaturen und Begebenheiten anpassen. Hast du sie nicht verstanden, bergen sie einige Fehlerquellen. Oft sind Tragehilfen sichtbar und fühlbar schlecht eingestellt, zum Beispiel, wenn zwei unterschiedlich große Personen das Baby abwechselnd tragen.

Es gibt eine Vielzahl an Passformen. Die richtige Tragehilfe zu finden, ist ohne ausführliches Ausprobieren und Vergleichen daher kaum möglich. Mittlerweile ist die Auswahl so groß, dass sich für jede Person ein passendes Exemplar finden lässt.

Ein **Tragetuch** passt sich bei jedem Binden neu an die Körper der Tragenden und des Traglings an; es ist – richtig gebunden – unschlagbar bequem.

Darüber hinaus sind Tragetücher, für die es auch einen regen Gebrauchtmarkt gibt, meist sehr günstig in der Anschaffung; außerdem sind sie sehr flexibel in verschiedenen Gewichtsklassen und Altersstufen zum Tragen vor dem Bauch, auf der Hüfte und auf dem Rücken nutzbar. Tragen verschiedene Personen ein Baby, kann es weitergereicht werden, ohne dass Gurte oder Kordeln erneut eingestellt werden müssen. Doch jetzt kommt das große »Aber«: Ein schlecht gebundenes Tragetuch ist unbequem für alle Beteiligten! Geht das Einbinden (noch) nicht leicht von der Hand, stellt dies eine Hürde dar, wenn das Baby weint und man schnell handeln will. Stress und Unsicherheit bei der Bezugsperson können dazu führen, dass auch das Baby gestresst ist und noch mehr weint. Es braucht etwas Anleitung und einige Übungsrunden, bis die Handgriffe sicher sitzen, eine Raketenwissenschaft ist es jedoch auch nicht!

Wenn also keine Lust, Zeit oder Muße vorhanden sind, das Binden zu erlernen, können mit dem einfachen und richtigen Anlegen einer Tragehilfe schnellere und bequemere Erfolge – bereits ab Geburt – erzielt werden. Wird das Einbinden jedoch nach ein wenig Übung zum Ritual und Automatismus, dann ist bereits dieser Vorgang ein Genuss, weil sich das Baby meist schon dabei beruhigt.

Die gute Nachricht für alle, die die einleitende Frage noch nicht für sich beantworten können: Man muss sich nicht für oder gegen das eine oder andere entscheiden, sondern darf ganz entspannt erst einmal mit der Lösung starten, die einem am meisten zusagt. Ändern sich im Laufe der Tragezeit die Bedürfnisse, so ist es jederzeit möglich, sich noch ein weiteres Tuch oder eine andere Tragehilfe zuzulegen!

Das Tragetuch

Tragetücher sind wundervoll, wenn du Lust hast, dein Kind darin zu tragen – und wenn du dich darauf einstellst, dass es etwas dauert, bis es richtig gut flutscht. Dann aber staunt nahezu jede:r, wie schön es sich anfühlt, wie bequem es ist und dass es gar nicht so schwierig ist, wie vorher gedacht. Übung macht auch hier den Meister. Das ist ein wenig mit dem Binden einer Schleife zu vergleichen – wenn Kinder das lernen, müssen sie den Vorgang Schritt für Schritt einüben und zwischendurch auch immer wieder überlegen, wie es weitergeht. Dann brauchen sie die Hilfe von jemandem, der diesen Vorgang schon beherrscht. Mit jedem Versuch geht es schneller, sieht besser aus und wird fester. Wir als Erwachsene machen uns in der Regel keine großen Gedanken mehr darüber, schlüpfen in unsere Schuhe, binden sie zu, während wir uns noch mit der Freundin unterhalten und gehen einfach raus. Und genau so wird es mit dem Tragetuch auch sein. Vielleicht hilft dir dabei die Unterstützung durch eine:n Trageberater:in, der:die ganz individuell mit dir die einzelnen Schritte erarbeitet und für alle Fragen ein offenes Ohr hat.

Doch bevor es so weit ist, dass du dich wirklich mit dem Binden deines Tragetuchs beschäftigst, folgt hier ein Blick auf die Theorie – denn es gibt ganz unterschiedliche Tücher, die wir dir auf den folgenden Seiten vorstellen werden.

Die beiden Hauptgruppen der Tragetücher werden nach der Herstellungsart der verwendeten Materialien voneinander unterschieden – in festgewebte und elastische Tücher. Für welche Art du dich entscheidest, ist Geschmackssache, denn beide Tucharten können ganz individuell und dann auch jeweils optimal die Bedürfnisse und Wünsche einer Tragefamilie abdecken. Manchmal bleibt man bei seiner ursprünglichen Entscheidung, manchmal werden andere Tragevarianten ergänzend (entweder parallel oder auch zu einem späteren Zeitpunkt) genutzt. Wenn du die bevorzugte Bindeweise fest und sicher mit deinem Baby binden kannst und sich alle Beteiligten dabei wohlfühlen, dann hast du auf jeden Fall die richtige Entscheidung getroffen. Sowohl das elastische als auch das gewebte Tragetuch können bereits mit Neugeborenen und stabilen frühgeborenen Babys genutzt werden.

Das elastische Tragetuch

Die meisten Eltern, die sich für ein elastisches Tragetuch entscheiden, tun dies in der Regel, weil es günstig ist, ihnen der weiche, dehnbare Jerseystoff vertraut ist und sie sich sehr gut vorstellen können, ein kleines Baby darin »einzuwickeln«. Und tatsächlich eignen sich diese Tücher besonders gut für die erste Tragezeit. Das elastische Tuch, das nicht gewebt, sondern in der Strickmaschine gestrickt wird, ist in alle Richtungen dehnbar und besteht zumeist aus Baumwolle (in der Regel mit Elastananteil). Dadurch springt ein gutes Tuch nach dem Gebrauch wie eine hochwertige Leggins immer wieder in seine ursprüngliche Form zurück. Die Tücher sind meist etwas schmaler und dünner als die festgewebten Tücher; daher – und aufgrund ihrer Elastizität – stützen sie ab einem gewissen Gewicht meist nicht mehr so gut wie eine Tragehilfe oder ein festes Tuch.

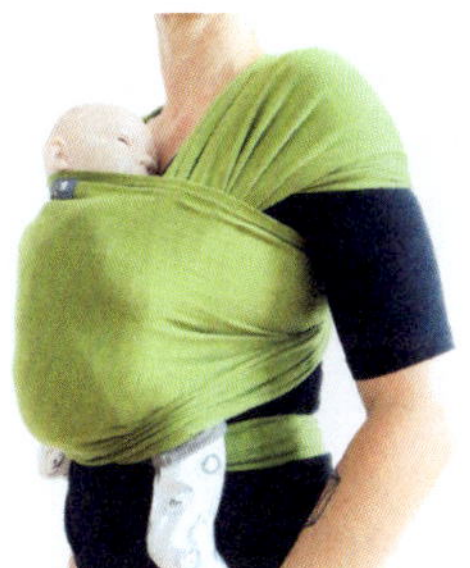
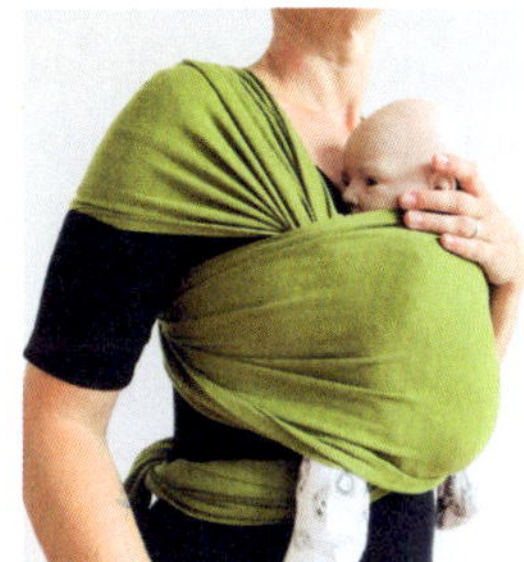
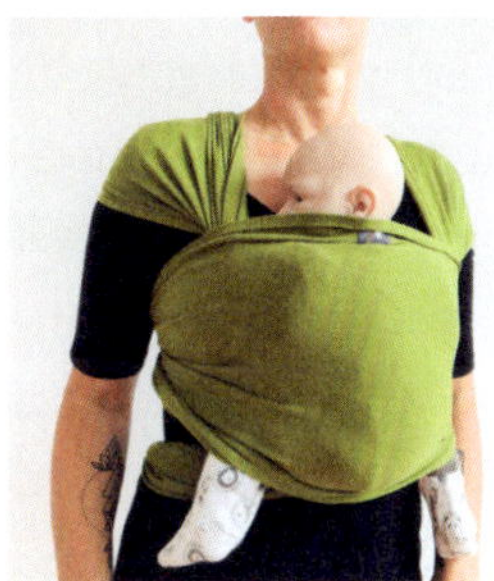

Mittlerweile gibt es sehr viele verschiedene Varianten, was die Dicke, Elastizität und Qualität der Tücher angeht. Das unterscheidet sich von Hersteller zu Hersteller. Es gibt einfach nicht *das* elastische Tuch, denn auch hier bestehen erhebliche Qualitätsunterschiede. Wenn du erstmals ein solches Tuch kaufst, solltest du darauf achten, dass die Kanten des Tuches nach dem Einbinden schön fest am Babyrücken liegen und sich nicht lockern.

Ein großer Vorteil für Anfänger:innen besteht darin, dass bei einem Jerseytuch nicht so filigran festgezogen werden muss, sondern eher gröber ins Tuch gegriffen werden kann. Trotzdem solltest du immer darauf achten, dass sich das Tuch nicht verdreht, denn alles, was nicht flächig auf dir liegt und sich zur einer Kordel formt, drückt mehr, als dass es entlastet. Ein weiterer großer Vorteil der elastischen Tücher besteht darin, dass sie – auch ohne Baby drin – am Körper vorgebunden werden können. Diese vorgebundene Bindeweise ist besonders alltagstauglich, da das Tuch die ganze Zeit am Körper bleiben kann, während du dein Baby ganz einfach immer wieder rein- und rausnehmen kannst. Dies ist besonders praktisch, wenn du Erledigungen mit dem Auto machen musst oder dein Kind in einem Alter ist, wo der Wunsch nach Körperkontakt und das Bedürfnis, seinem Entdeckerdrang nachzugeben, gefühlt im Minutentakt wechseln.

Ganz wichtig ist bei einem elastischen Tuch, dass es im Gegensatz zum fest gewebten *in der Regel mit mehreren Lagen* gebunden werden muss, damit das Baby wirklich gut gestützt ist und sich nicht aus dem Tuch manövrieren kann. In den Videoanleitungen findest du sowohl die vorgebundene Wickelkreuztrage als auch eine stabilere Variante für längere Spaziergänge oder größere Kinder. So hast du lange etwas von deinem Tuch.

Die Tuchlänge beträgt bei vielen Herstellern meist über fünf Meter, was eigentlich gar nicht erforderlich ist. Je besser die Länge passt, desto weniger Tuch muss man irgendwie um sich herum verstauen, damit es nicht auf dem

Boden schleift. Daher gibt es mittlerweile auch Tücher, die etwa 4,60 Meter lang sind. Wir raten dazu, diese Länge zu wählen, wenn nicht auch bei der normalen Kleidung eine Übergröße nötig ist.

Wickelkreuztrage für längeres Tragen

Vorgebundene Wickelkreuztrage

Das (fest) gewebte Tragetuch

Die Auswahl bei gewebten Tragetüchern ist riesig, denn es gibt nicht nur verschiedene Farben, sondern auch noch unterschiedliche Webarten, wie beispielsweise Kreuz-, Diamant- oder Rautenköper und Jacquard, um die gängigsten zu nennen. Die Köperwebungen haben kein eingewebtes Muster, sondern ihre Art der Webung ergibt Muster in Form unzähliger winziger Kreuze, Rauten oder Diamanten. Jacquardwebungen werden für jene Tücher verwendet, auf denen beispielsweise Fische, ganze Bilder, Sterne oder Ähnliches als Muster gewebt wurden. Der Kreativität sind kaum Grenzen gesetzt!

Welches Tuch du wählst, ist wirklich Geschmackssache. Alle Webarten sind zum Tragen ganz wundervoll. Fest gewebte Tragetücher bestehen nicht alle aus Baumwolle, es gibt zahlreiche unterschiedliche Materialien und Zusammensetzungen, die dann auch alle ihre ganz speziellen Eigenschaften und Haptik besitzen. Ein Tuch mit Seidenanteil wirkt beispielsweise sehr edel und schimmert meist schön, ist aber auch rutschiger. Ein Tuch mit Wollanteil ist super für den Winter, weil es zusätzlich wärmt, aber es ist meist auch dicker und schwerer zu binden.

Für den Einstieg empfehlen wir ein einfaches Baumwolltuch in einer Webart deiner Wahl. Achte darauf, dass das Flächengewicht – dies wird in Gramm pro Quadratmeter angegeben – möglichst unter 200 Gramm pro Quadratmeter liegt. Je erfahrener du bist und je sicherer die einzelnen Handgriffe sitzen, desto weniger Aufmerksamkeit musst du diesem Wert schenken. Es gibt wirklich schöne dicke Tücher; bedenken musst du, dass viel Tuch auch mehr Kraft braucht, um es wirklich gut festziehen zu können.

Kleine Webkunde

Tücher und Webarten sind ein ganz spezielles Thema. Wir möchten dir helfen, einen Überblick über die unzähligen Materialien und Techniken zu bekommen!

Gewebte (feste) Tragetücher zeichnen sich dadurch aus, dass sie nur diagonal elastisch sind. Das heißt, dass das Tuch weder in der Länge noch in der Breite besonders nachgiebig ist, in der Diagonalen jedoch eine gewisse Elastizität aufweist. Diese Diagonalelastizität führt dazu, dass das Baby in einem gut gebundenen Tragetuch schon mit einer Lage Stoff gut gestützt ist und sein Rücken sich dennoch leicht runden kann. Das Tuch schmiegt sich bequem an das Kind und die:den Tragende:n an und ermöglicht eine angenehme Bewegungsfreiheit.

- **Kreuzköper**
  Tragetücher mit Kreuzköperwebung sind grundsolide Tücher, die eine angenehme Elastizität aufweisen und schön griffig sind; sie sind für Anfänger gut geeignet. Die Vorder- und Rückseite des Tuchs sieht gleich aus. Die meisten der klassischen Streifentücher werden in Kreuzköperwebung hergestellt, aber auch einfarbige Tücher sind erhältlich.
- **Diamantköper**
  Beim Diamantköper handelt es sich um eine spezielle Variante der Köperbindung. Auch hier sind die Vorder- und Rückseite des Tuchs identisch. Die Schussfäden werden so unter die Kettfäden gewebt, dass nebeneinander liegende »Diamanten« entstehen. Hierbei handelt es sich um einen durchbrochenen Köper, da die Spitzen jeweils ein wenig versetzt sind. Dies gibt dem Tragetuch im Gegensatz zum Rautenköper (siehe unten) ein wenig mehr Stabilität.
- **Rautenköper**
  Rautenköper ähneln den Diamantköper-Tragetüchern sehr stark, jedoch laufen hier die Spitzen der Rauten direkt aufeinander zu. Vorder- und Rückseite sind identisch.
  Rautenköper-Tragetücher werden zum Beispiel von der Firma Girasol gewebt (allerdings werden sie dort unter »Diamantköper« gelistet und verkauft, obwohl sie sich von echten Diamantköperwebungen unterscheiden).
- **Jacquard**
  Jacquardtücher werden auf speziellen Webstühlen gewebt, die jeden einzelnen der über tausend Kettfäden pro Tragetuch gezielt bewegen können. Deshalb können auch sehr komplizierte Muster und Motive hergestellt werden.

Die Vorderseite und die Rückseite eines Jacquardtuchs unterscheiden sich wie ein Foto von dessen Negativ. Bei Jacquardtüchern werden gerne unterschiedliche Materialien und teilweise auch bis zu drei unterschiedliche Schussfäden miteinander kombiniert.
Jacquardtücher sind alle Tragetücher mit Motiven und Ornamenten, aber auch die klassischen Indiotücher (etwa Didymos, Kokadi, Natibaby).

Kreuzköper

Diamantköper

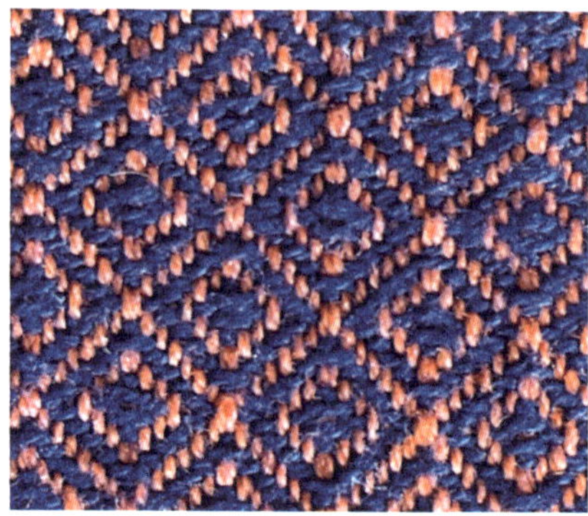

Rautenköper

Jacquard

Wie fest muss ich das Tuch binden?

Die Frage, wie fest ein Tragetuch gebunden werden muss, stellen sich alle Eltern. Meist ist das Ergebnis eher zu locker als zu fest. Die Basisvoraussetzung für das Tuch, egal ob elastisch oder fest gewebt, lautet ganz einfach so: Es muss so fest gebunden sein, dass das Baby nicht herausfallen kann und gut gestützt wird. Das Tuch muss also das Baby unter dessen Po nach unten hin absichern, aber gleichzeitig auch den Rücken, die Seiten und bei Bedarf das Köpfchen des Kindes gut stützen. Ein waches Neugeborenes hat noch nicht genug Muskulatur aufgebaut, um seinen Rücken beim Tragen stabil aufzurichten und zu halten – deshalb muss das Tragetuch, der Ringsling oder die Tragehilfe diese Aufgabe übernehmen. Das Tuch muss dem Baby die Stabilität geben, um sich entspannt in seiner physiologischen Haltung an den Körper des Tragenden zu kuscheln – dabei sackt es in einem gut gebundenen Tuch weder in sich zusammen, noch ist es so fest eingebunden, dass es breit abgespreizt, ohne die Möglichkeit, sich zu bewegen, an seiner Bezugsperson klebt. Letzteres wird vermutlich eher selten passieren, aber bei einem zu locker gebundenen Tuch hängt das Baby schnell wie ein Schluck Wasser in der Kurve und kann leicht mit dem Kinn nach unten auf seinen Brustkorb sacken. Dieser Aspekt ist übrigens auch wichtig, wenn das schon aus der Neugeborenenzeit herausgewachsene Baby beim Tragen einschläft: Dann wird der Muskeltonus wie bei uns allen ein wenig schwächer (Ruhetonus) und es kann nach vorne, hinten oder seitlich wegkippen. In dieser Position fällt es dem Kind schwerer, optimal zu atmen. Daher solltest du genauer hinsehen, wenn dein Baby eingeschlafen ist, um seine Haltung und die Luftzufuhr zu kontrollieren.

Ob du zu locker oder zu fest gebunden hast, kannst du ganz einfach herausfinden. Überprüfe zunächst, ob du die Bindeweise richtig ausgeführt hast und das Baby nach unten jederzeit abgesichert ist. Wie fühlt es sich an? Hat dein Baby sehr viel Raum, um sich zu bewegen? Hast du, wenn du ein elastisches

Tuch verwendest, drei Lagen über dem Babyrücken? Ist das Köpfchen bei noch fehlender Kopfkontrolle oder bei einem schlafenden Baby ausreichend gestützt?

Um all dies zu testen, sicherst du kurz das Köpfchen mit deiner Hand und beugst dich vorsichtig nach vorne runter. Wenn das Baby sich nicht wirklich von dir weg bewegt und weiterhin in gutem Kontakt nah an deinem Körper bleibt, dann hast du ausreichend fest gebunden und ihr könnt sofort los. Falls dein Baby ein wenig von deinem Körper weg pendelt, dann löse noch einmal den Knoten und binde ein wenig fester.

Gut gestützt im Tragetuch

Welche Länge sollte das Tuch haben?

Die Länge des Tuches hängt von der genutzten Bindeweise, aber auch von deiner Körperstatur und der Größe deines Babys ab. Oft hören wir in Beratungen, dass die Hebamme empfohlen hat, ein sehr langes Tuch zu kaufen, weil man damit dann alles gut binden kann. Das mag auf den ersten Blick logisch klingen, ist aber nicht ganz richtig. Eine kleine Person, die die sogenannte Kängurubindeweise erlernen möchte, benötigt vermutlich ein Tuch in der Länge von maximal 3,60 Metern (Größe 4). Wenn wir aber jetzt ein ganz langes Tuch kaufen, um damit dann auch alle anderen Bindeweisen (beispielsweise eine Wickelkreuztrage) zu binden, dann wäre das mindestens ein Meter mehr Tuch, das zu Boden baumelt und auch beim Binden stört, weil es ständig im Weg hängt. Das kann frustrieren! Daher ist es durchaus sinnvoll, die richtige Tuchlänge für die zunächst bevorzugte Bindeweise zu erwerben; wenn sich im Verlauf der Tragezeit herausstellt, dass der Moment für eine andere Tragetechnik gekommen ist, kannst du zusätzlich ein anderes Tuch in der dann optimalen Länge erwerben.

Für eine Wickelkreuztrage, wie wir sie hier vorstellen, brauchst du in der Regel ein Tuch mit einer Länge von 4,60 Metern. Sehr große oder fülligere Menschen können es auch mit 5,10 Metern versuchen, aber es macht einfach am meisten Spaß, wenn das Tuch nicht sehr viel länger ist als nötig.

Elastische Tücher gibt es oftmals nur in langen Größen. Da sie zwingend mehrlagig gebunden werden müssen und daher viel Stoff benötigen, ist das auch richtig so. Wenn du etwas kräftiger bist oder du lieber ein wenig mehr Tuch zur Verfügung hast, dann kannst du mit einer Länge von 5,20 Metern nichts falsch machen. Ansonsten hat die Mehrzahl der elastischen Tragetücher eine Länge von etwa 4,50 Metern; das reicht meist auch aus.

Die Wickelkreuztrage

Die Wickelkreuztrage ist die vermutlich gängigste Bindeweise, die sowohl mit dem fest gewebten als auch mit dem elastischen Tuch gebunden werden kann. Die Art der Anlegetechnik unterscheidet sich bei beiden Tucharten leicht, da bei dem elastischen Tuch dreilagig gebunden werden muss, während bei dem fest gewebten Tragetuch nur eine Lage über dem Babyrücken notwendig ist.

Die Wickelkreuztrage hat den Vorteil, dass du das Tuch schon relativ eng um deinen Körper herum anlegen kannst, bevor du das Baby hineingleiten lässt. Dadurch entsteht direkt eine schöne Stabilität, und das hilft den meisten Eltern dabei, sich sicherer zu fühlen! In unserem Video zeigen wir dir, wie du die Wickelkreuztrage sicher binden kannst.

Die Wickelkreuztrage mit Nackenpolster von vorn

Die Wickelkreuztrage von hinten

Wickelkreuztrage

Der Ringsling

Bei einem Ringsling handelt es sich um ein etwa zwei Meter langes, gewebtes Tragetuch, bei dem an einem Ende zwei spezielle Ringe festgenäht sind. Einige wenige Hersteller bieten auch Ringslings aus elastischem Tuchstoff an; sie werden genauso gebunden wie die gewebten Slings, fühlen sich aber anders an.

Mit dem Ringsling (siehe Abbildung auf S. 130) kann man bereits Früh- und Neugeborene gut vor dem Bauch oder auf der Seite tragen, da die Babys hier ihre ganz individuelle Anhockung und vielleicht noch gar nicht so breite Abspreizung einnehmen können. Hat das Baby eine gute Kopfkontrolle erlangt, kann es mit dem Ringsling sogar auf dem Rücken getragen werden.

Beim Ringsling werden – anders als bei klassischen Tragetüchern – keine Tuchbahnen zwischen den Babybeinchen gekreuzt. Er ist dabei so fest, dass bei richtiger Anwendung das Baby stets gut gesichert ist. In den meisten Fällen ist der Ringsling eine Tragehilfe, die zusätzlich zu einem bereits vorhandenen Tuch oder einer anderen Tragehilfe genutzt wird, weil er die:den Tragende:n nur einseitig belastet. Sein großer Vorteil besteht darin, dass er sehr schnell angelegt werden kann. So muss er auch nicht erst unmittelbar vor dem Tragen des Babys gebunden werden, sondern kann – bereits vorbereitet – im Auto oder im Rucksack auf seinen Einsatz warten.

Aber auch später, wenn die Neugeborenen- und Babyzeit vorbei ist, ist der Ringsling ein unschätzbar wichtiger Begleiter. Er kann jederzeit platzsparend mitgenommen werden, sodass auch ein Kleinkind, das sich müde gelaufen hat, noch darin getragen werden kann. Und zwar deutlich angenehmer als auf dem Arm! Das Binden des Ringslings bedarf ein wenig Übung, geht aber wahnsinnig schnell, sobald die Handgriffe sitzen. In unserer Videoanleitung zeigen wir dir, wie es geht.

Den Ringsling richtig binden

Eine Alternative zum klassischen Ringsling ist der Minimonkey Minisling. Diese Tragehilfe aus Mesh-Material ist grundsätzlich ähnlich wie der Ringsling zu verwenden. Jedoch hat er keine Ringe, in denen der Stoff eingefädelt und sortiert werden muss, sondern ein Gurtband zum Festziehen auf dem Rücken. Das ist erheblich einfacher und erfordert kaum Kenntnisse oder Übung. Das Packmaß ist äußerst gering, und im Sommer ist der Minisling sehr luftig zu tragen. Aufgrund seines Materials trocknet er auch sehr schnell, sodass man beispielsweise nach dem Babyschwimmen mit dem im Sling getragenen Kind gemeinsam unter die Dusche springen kann.

Die Tragehilfen

Das Angebot an Tragehilfen ist riesig! Aufgrund der unterschiedlichen Formen und Systeme, die wir gleich näher vorstellen werden, ist die Vielfalt noch größer und vielleicht erst einmal verwirrender, als es bereits bei den Tragetüchern der Fall ist. Doch so vielfältig und unterschiedlich die Tragehilfen auch sind – und so fantasievoll auch die Bezeichnungen klingen –, haben sie am Ende doch alle eine Gemeinsamkeit: Sie sind kein Tragetuch, und trotzdem kann man sein Baby damit tragen und hat im besten Falle dabei noch die Hände frei.

Schauen wir uns an, was es alles gibt und worauf du beim Kauf einer Tragehilfe achten solltest!

Wie erkennst du eine gute Tragehilfe?

Das wichtigste Merkmal einer guten Tragehilfe besteht darin, dass sie sich an das Baby und den Tragenden anpassen lässt, indem sie Verstellmöglichkeiten bietet – und im besten Falle ist sie dann auch noch richtig bequem. Im Hinblick auf die Verstellmöglichkeiten gilt allerdings, dass viel nicht immer viel hilft. Wir haben im Laufe vieler Trageberatungen immer wieder erlebt, dass das Gegenteil der Fall ist: Je einfacher die Tragehilfe einzustellen ist, desto mehr wird damit in der Regel auch getragen.

Auf den ersten Blick ist es ohne ein geschultes Auge und das Wissen über eigene Vorlieben gar nicht so einfach, herauszufinden, was man wirklich braucht und welche Eigenschaften einer Tragehilfe vielleicht nicht so wichtig sind. Daher gilt auch hier: Testen, Anlegen, Fühlen!

Unterschiedliche Einstellungsmöglichkeiten bei Tragehilfen

Welche Kriterien helfen bei der Suche?

Bevor du dir eine Tragehilfe kaufst, empfehlen wir, dass du dir Gedanken über die folgenden Fragen machst, damit du leichter entscheiden kannst, welche der unzähligen Modelle für dich infrage kommen.

- Wer möchte mit der Tragehilfe tragen? Nur eine Person oder mehrere?
- Wenn die Tragehilfe von mehreren Personen verwendet werden soll: Ist der Körperbau derjenigen sehr ähnlich oder eher unterschiedlich?
- Wie viel Geld möchtest du ausgeben?

- Soll es eine neue Tragehilfe im Wunschdesign sein oder kommt auch ein gebrauchtes Modell infrage?
- Kannst du einschätzen, ob dein Kind überwiegend getragen wird oder nur selten?
- Wird es eher lange oder kurze Strecken getragen, draußen unterwegs oder vornehmlich zu Hause?

Diese Aspekte greifen wir bei der Vorstellung der unterschiedlichen Kategorien von Tragehilfen immer wieder auf und zeigen dir, wo Vor- und Nachteile der unterschiedlichen Modelle liegen. So kannst du nach und nach ein Gefühl dafür entwickeln, was für dein Baby, deine Familie und dich wirklich wichtig ist. Und wenn du angesichts der Vielfalt immer noch unsicher sein solltest, hilft vielleicht auch hier eine Trageberatung, denn die Trageberater:innen haben sicherlich einen guten Blick auf die jeweilige Situation und können Tragehilfen vorschlagen, die du noch gar nicht in Erwägung gezogen hast.

Ab wann darfst du in einer Tragehilfe tragen?

Die meisten Tragehilfen eignen sich für das Tragen direkt nach der Geburt. Es gibt sie in unterschiedlichen Größen, sodass mit längerer Tragedauer auch mehrere Tragehilfen notwendig werden können. Dein Baby wächst, benötigt nach und nach neue Kleidung in der richtigen Größe – und so verhält es sich auch mit Tragehilfen. Jedoch gibt es auch Modelle, die sich schon für ein Neugeborenes sehr gut eignen und für die meisten Kinder noch knapp anderthalb Jahre lang passen. Wenn es deinem Kind und dir weiterhin Freude macht, gibt es sogar Tragehilfen, die im Kleinkindalter noch länger verwendet werden können.

Der Aufbau einer Tragehilfe

Unabhängig davon, zu welcher Kategorie sie gehört, verfügt jede Tragehilfe über mehrere Teile. Da ist zunächst einmal ein Rückenteil, also der »Beutel«, in dem das Kind sitzt; weiter geht es mit den Trägern, einem Bauchgurt, dem »Stegbereich« unter dem Po des Babys und gegebenenfalls verschiedenen Einstellmöglichkeiten durch Schnallen oder Kordeln. Schauen wir uns die einzelnen Elemente einmal genauer an!

Der Steg

Als »Steg« wird der Bereich bezeichnet, wo das Rückenteil an den Bauchgurt angenäht wurde – es ist also der Teil der Tragehilfe, der zwischen den Beinen des Babys entlangführt. Die meisten der heute gängigen Tragehilfen verfügen im Stegbereich über eine Verstellmöglichkeit, damit die Breite des Stoffes an den Körperbau des Babys angepasst werden kann. Dabei gibt es ganz unterschiedliche Vorgehensweisen, beispielsweise Bänder, Klett oder Knöpfe. Sie alle dienen dazu, dass du den Bereich eng zusammenraffen kannst, wenn dein Baby noch ganz klein ist und den Steg dann erweitern kannst, wenn es gewachsen ist.

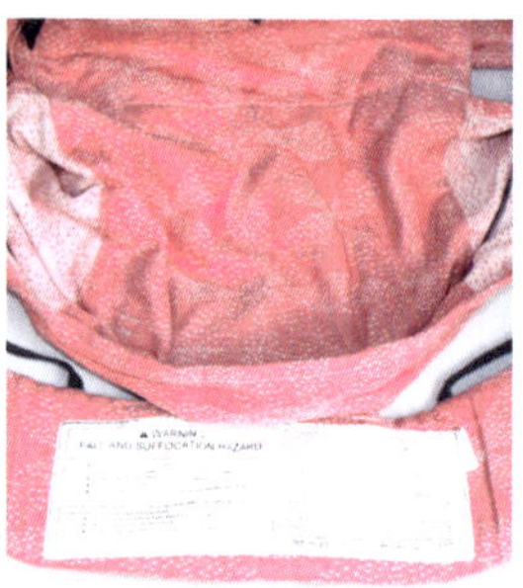

Unterschiedliche Möglichkeiten für Stegeinstellungen (verstellbar durch Klett, Kordel oder Tuchbeutel)

Ist der Steg richtig eingestellt, sollte der Beutel, in dem das Baby später platziert wird, immer von Kniekehle zu Kniekehle reichen.

Falls der Hersteller der Tragehilfe, für die du dich letztendlich entscheidest, Alters- oder Größenangaben bei der Stegeinstellung vorgibt, solltest du diese als Richtwerte betrachten und immer genau schauen, was für dein Kind bequem und angemessen ist – nicht alle 62 Zentimeter großen Babys haben schließlich gleich lange Beine …!

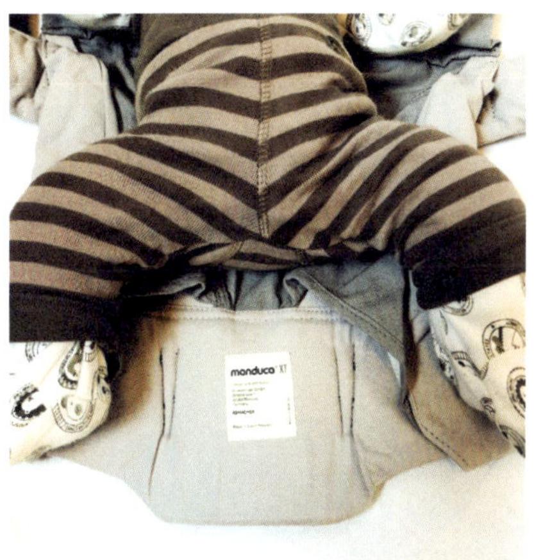

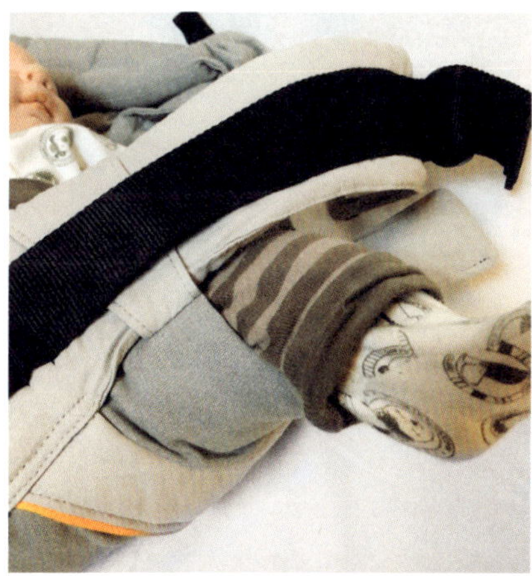

Stegbreite an das Baby anpassen

Möchtest du eine ältere Tragehilfe verwenden, die keine Einstellungsmöglichkeit bietet, haben wir einen einfachen Tipp für dich: Nimm einen Schnürsenkel, einen Strumpf, ein Spucktuch, einen dünnen Schal oder Ähnliches und binde es um den Stoff unten am Rückenteil. Jetzt ziehst du das Band so eng, dass der Stoff stark genug zusammengerafft ist. So kannst du die Größe des Stegbereichs variabel an die natürliche Spreizung deines Babys anpassen. Den Babypopo platzierst du in die dadurch entstehende Pomulde im Rückenteilstoff.

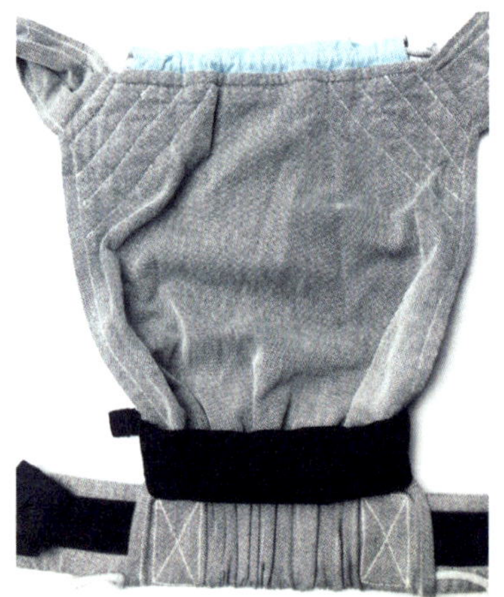

Stegbändiger

Das Rückenteil

Das Rückenteil einer Tragehilfe stützt den Rücken des Babys. Es besteht aus Stoff und wird von den Herstellern sehr unterschiedlich gestaltet:

- Oft kommt Tragetuch-Stoff zum Einsatz, weil dieser sich so schön um das Baby schmiegt.
- Werden andere Materialien verwendet, sorgen oft Abnäher für einen perfekten Beutel.
- An machen Rückenteilen befinden sich Kordeln, die die Anhockung des Babys begünstigen sollen; aber auch Reißverschlüsse oder Schnallen, um das Rückenteil mitwachsen zu lassen, finden Verwendung.

- Auch im Nackenbereich finden sich oft Kordelzüge, die eine bessere Stützung des Kopfes ermöglichen sollen.

Einstellungen am Rückenteil

Wir raten beim Anlegen und Einstellen einer Tragehilfe dazu, zunächst einmal den Stegbereich an dein Baby anzupassen, damit der Beutel unter dem Popo von der einen bis zur anderen Kniekehle reicht. Die seitlichen Raffmöglichkeiten solltest du erst dann nutzen, wenn das Baby bereits gut eingebunden ist. Sie sind eigentlich nur für die Feineinstellung geeignet. Die eventuell vorhandenen Verstellmöglichkeiten im Nackenbereich kannst du ignorieren, sie haben keinen wirklichen Nutzen. Raffst du sie zusammen, ergibt sich darunter eine Art Hohlraum, den im oberen Rückenbereich des Babys niemand wirklich gebrauchen kann. Möglicherweise bildet der zusammengeraffte Stoff eine harte Kante, die für dein Baby nicht besonders gemütlich ist. Stattdessen kannst du die Kapuze zusammenrollen und sie seitlich an den Trägern befestigen. Alternativ kannst du auch ein Spucktuch oder einen dünnen Schal locker zusammennehmen, im Nacken deines Babys platzieren und an den Trägern festknoten.

Wie bereits erwähnt: Oft sind die einfachsten Tragehilfen, die nicht unendlich viele Verstellmöglichkeiten bieten, auch die beliebtesten. Sie sind so gut geschnitten, dass das Baby, sobald es richtig in die Trage gesetzt wurde, perfekt sitzt und man fast gar nichts mehr einstellen muss.

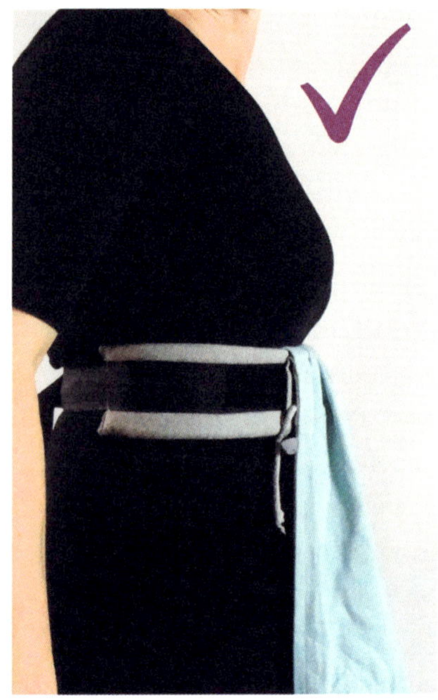

Korrekte Höhe beim Bauchgurt

Der Bauchgurt

Es ist gar nicht so lange her, da nannte man den Bauchgurt noch »Hüftgurt«. Das liegt daran, dass die Tragehilfen, die wir heute als »Fullbuckle« bezeichnen (bei denen also alles mit Schnallen verstellbar ist), ursprünglich eher für größere Kinder ab etwa sechs Monaten gedacht waren. Als Vorbild diente ein Wanderrucksack, und entsprechend wurde der Gurt der Tragehilfe auf der Hüfte platziert. Dies sollte für eine gute Gewichtsverteilung sorgen.

In den letzten Jahren haben wir aber gemerkt, dass wir ein viel besseres Ergebnis erzielen, wenn sich die Höhe des »Hüftgurtes« an der Größe des Babys orientiert. Daher wird der Gurt bei kleinen Babys direkt unter der Brust angelegt. So befindet sich das Köpfchen des Babys mit seinem Ohr auf Höhe unseres Herzens und du kannst ihm bequem einen Kuss auf den Kopf geben. Auch wenn dein Baby wächst, verbleibt sein Kopf trotzdem immer auf der gleichen Höhe, während der Rest des Körpers automatisch weiter nach unten wandert. Irgendwann ist der Bauchgurt dann vielleicht sogar auf deiner Hüfte angekommen. In unseren Videos zeigen wir dir, worauf du beim Anlegen achten solltest.

Binden oder klicken?

Die Bauchgurte der Tragehilfen sind fast so vielfältig wie die Tragehilfen selbst. Es gibt Varianten zum Binden, mit Schnallen oder mit Klettverschluss. Die Gurte sind unterschiedlich breit und mal mehr und mal weniger gepolstert. Welcher Bauchgurt dir am angenehmsten ist, musst du selbst herausfinden; Fakt ist aber, dass sich Bauchgurte mit Schnallen am besten festziehen lassen.

Mitunter sind die Bauchgurte so lang gepolstert, dass sehr schlanke Menschen sie nicht komplett festziehen können. In diesem Fall hat sich der folgende Trick bewährt: Stelle die Schnallen des Gurtes so weit wie möglich, lege den Bauchgurt an, kreuze die Gurtbänder hinten und klicke dann vorne die Schnallen zu.

Sollte der Bauchgurt zu kurz sein, kannst du auch hier für Abhilfe sorgen: Manche Hersteller haben sogenannte Hüftgurtverlängerungen im Programm, mit denen auch beleibtere Menschen gut und bequem tragen können. Viele Tragehilfen verfügen im Bauchgurtbereich über Sicherheitsschnallen, um zu gewährleisten, dass während des Tragens auch wirklich unter keinen Umständen das Baby gefährdet ist und rausfallen kann. Oft befindet sich ein zusätzlicher Knopf oder Schieber mittig auf der Schnalle, damit diese nicht einhändig geöffnet werden kann. Das steigert zwar die Sicherheit, ist jedoch in manchen Situationen leider etwas unpraktisch, beispielsweise wenn du dein Baby samt

Tragehilfe schlafend ablegen möchtest. Denn in der Regel benötigst du beide Hände, um die Schnalle zu öffnen, und mit der einen Hand sicherst du ja schon dein Baby. Aber wie heißt es so schön: Not macht erfinderisch, und irgendwie kriegt man es meist trotzdem hin.

Sicherheitsschnalle

Eine weitere Sicherung befindet sich bei den meisten Tragehilfen direkt hinter den jeweiligen Schnallen. Die hier angebrachten Schlaufen sorgen für zusätzliche Sicherheit, falls sich eine Schnalle unbemerkt öffnet sollte.

Sicherheitsschlaufe

Die Trägergurte

Auch die Trägergurte der unterschiedlichen Tragehilfen unterscheiden sich sehr stark voneinander. Einige Modelle haben lange Träger, die jedes Mal neu gebunden werden müssen, andere haben recht kurze, die im Rückenteil oder Bauchgurt festgeklickt werden. Es gibt Trägergurte sowohl in gepolsterter als auch in ungepolsterter Variante. Auch hier geht es um Vorlieben und die ganz individuelle Bequemlichkeit.

Die meisten Fullbuckle – also die Tragehilfen, die komplett mit Schnallen geschlossen werden – sind an den Trägern noch mit einem zusätzlichen Verbindungsgurt ausgestattet, der auf dem Rücken ungefähr auf Schulterblatthöhe geschlossen werden sollte. Dieser Gurt verhindert, dass die Träger wieder von der Schulter rutschen, und so unscheinbar er auch sein mag, der Verbindungsgurt entscheidet maßgeblich mit über unseren Tragekomfort!

Du kennst diesen Gurt vielleicht von Schul- oder Trekkingrucksäcken; dort wird er vor der Brust geschlossen. Trägst du dein Baby also im Fullbuckle auf dem Rücken, ist dies exakt der gleiche Gurt.

Gepolsterte Trägergurte

Ergonomisch geschwungene Trägergurte

Der Mei Tai (Half-Buckle)

Der Mei Tai ist eine traditionelle Tragehilfe aus Asien, die ursprünglich aus einem viereckigen Rückenteil besteht, von dem vier Bänder abgehen. Zwei dieser Bänder dienen als Träger, die anderen beiden werden um den Bauch gebunden. Dieses Grundmodell wurde immer weiter ausgearbeitet und ergänzt, sodass es mittlerweile eine Vielzahl unterschiedlicher Mei Tais gibt.

Mei Tai von hinten

Bequem tragen auf dem Bauch

Mei Tai auf dem Rücken

Mei Tai von vorne

Einige der Modelle werden im Bauchbereich nicht mehr einfach geknotet, sondern sind mit einem modernen, gepolsterten Gurt ausgestattet, den man auch mit einer Schnalle verschließen kann. Diese Mei Tais werden als Half-Buckle bezeichnet, da die Hälfte der Trage mit Schnallen versehen ist. Ein Half-Buckle ist somit immer auch eine Art Mei Tai, aber nicht jeder Mei Tai ist auch ein Half-Buckle.

Das klingt komplizierter, als es ist – wir vergleichen das gerne mit Sportschuhen: Von denen gibt es unzählige Varianten, die einen mit Schnürsenkeln, andere mit Klett, wieder andere werden gar nicht verschlossen, weil wir nur hineinschlüpfen müssen. Am Ende sind aber alles irgendwie Sportschuhe. Und genauso verhält es sich mit dem Mei Tai und dem Half-Buckle!

HELENAS TRAGEMOMENT

Meine erste Tochter hat nach der Geburt sehr oft und sehr lange geweint. Mein Mann und ich wechselten uns ab und trugen sie auf Händen durch Tag und Nacht. Vier Wochen nach der Geburt begannen wir, sie in einer Tragehilfe zu tragen – es war ein Schlüsselmoment unseres Elternseins. Unsere Tochter wurde ruhiger und ausgeglichener, fühlte sich geborgen und wir hatten die Hände frei und wurden kompetenter und sicherer in unserer Rolle als Eltern. Wir gingen wieder mehr nach Draußen und gewannen an Sicherheit. Das Weinen wurde weniger, wie von Zauberhand. Mein absoluter Tipp ist Tragen am Flughafen, bei größeren Menschenmengen, und im Urlaub: absolute Flexibilität, Sicherheit für das Baby und für mich, denn in der Tragehilfe ist es sicher aufgehoben.

Wie du in unserer Videoanleitung sehen kannst, ist das Anlegen des Mei Tais denkbar einfach: Da die langen Träger immer wieder neu angelegt, auf dem Rücken gekreuzt und vorne geknotet werden, stellt sich die Tragehilfe jedes

Mal automatisch auf die Größe und Körperstatur der tragenden Person ein. Daher eignet sich ein Mei Tai hervorragend, wenn die Tragehilfe von mehreren Familienmitgliedern genutzt werden soll. Ein Mei Tai passt so gut wie immer!

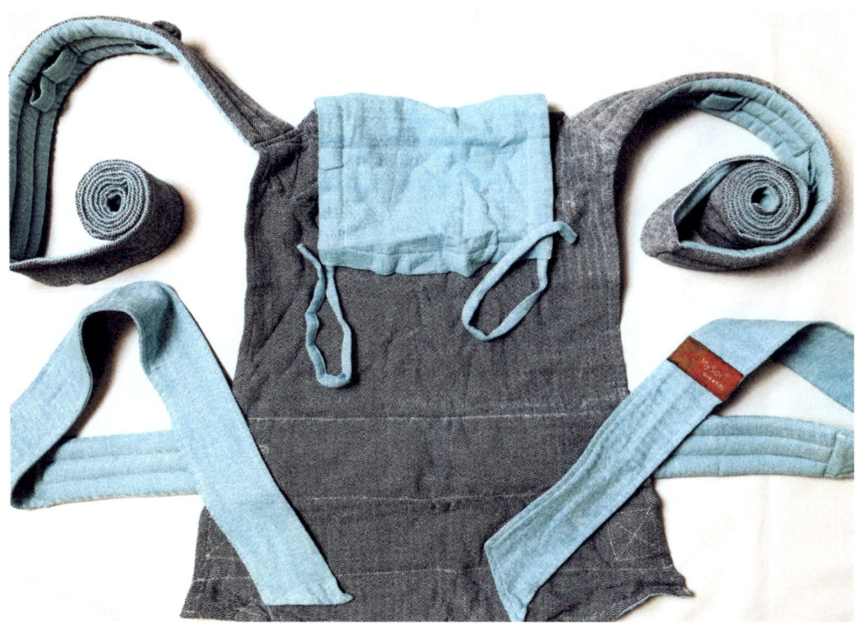

Mei Tai

KIMS TRAGEMOMENT

Meine Trageerfahrung begann in einer heilpädagogischen Kleingruppe mit einem stark körperlich und Entwicklungsverzögerten Jungen. Er war schon 3,5 Jahre alt und hatte einen Körper eines 1,5 Jährigen. Seine geistige Entwicklung war in etwa bei 7–10 Monaten. Er lebte in sehr schwierigen familiären Verhältnissen und kannte keine Fremdbetreuung. Er konnte sich nicht fortbewegen und lag immerzu auf dem Rücken. Nach der Eingewöhnung und der ersten Zeit des Kennenler-

nens war mir klar, dass dieser Junge eine ganz besondere und andere Begleitung benötigte als die anderen Kinder. Ich begann, ihn zu tragen. Anfangs war er mit der Nähe und Enge überfordert und wehrte sich. Die Trageintervalle weiteten sich Stück für Stück aus, bis er irgendwann sogar im Tragetuch schlief. Er fasste so viel Vertrauen in das Getragensein und in mich, dass seine Autoaggressionen abnahmen und er aus dieser Position heraus auch nach und nach seine Umwelt erkundete. Uns bereitete es große Freude, den Spielplatz gemeinsam zu bespielen. Mit der Zeit entwickelte er sich toll. Er wurde mobiler, lernte das Krabbeln und sogar zu laufen. Wir wurden zu einem eingespieltem Team und hatten eine sehr gute und vertraute Pädagogin-Kind-Beziehung.

Mit dem Mei Tai auf dem Rücken tragen

Wenn du einen Mei Tai auf dem Rücken nutzt, achte darauf, dass du die beiden Träger vor deiner Brust miteinander verbindest – beispielsweise mit einem mitgelieferten Klettgurt, einem dünnen Schal oder einem Band. Damit verhinderst du, dass die Träger von den Schultern herunterrutschen. Zudem sorgt diese Verbindung für ein viel angenehmeres Tragegefühl, weil die Träger nicht in den Achselbereichen einschneiden.

Mei Tai auf dem Rücken

Wrap Conversion

Der englische Begriff »Wrap Conversion« bedeutet übersetzt »Tragetuch-Umwandlung«. Das erklärt recht genau, worum es sich hier handelt: Um ein Tragetuch, das zu einem Mei Tai mit auffächerbaren Trägern verarbeitet wird.

Diese viel breiteren Träger sorgen für eine flächigere Verteilung der Last auf dem Rücken des Tragenden, was die meisten Eltern unfassbar bequem finden, wenn sie es einmal ausprobiert haben. Im ersten Moment können die langen und breiten Stoffbahnen der Wrap Conversion beängstigend wirken, doch das Anlegen ist wirklich kein Hexenwerk! Sieh dir einfach mal das Video mit der Bindeanleitung an. Bei größeren Kindern können die Träger auch über dem Po des Kindes aufgefächert werden und so zusätzliches Gewicht übernehmen – eine weitere Entlastung des Tragenden!

Wrap Conversion vor dem Bauch

Wrap Conversions gibt es mit verschiedenen Bauchgurten; sie sind entweder zum Binden gedacht oder auch mit Schnallen versehen.

KIMS TRAGEMOMENT

Meinen Herzens-Tragemoment erlebte ich, als ich eine sehr liebe Familie und ihr sechs Monate altes Baby als Nanny begleitete, weil seine Mutter wieder in ihrer Firma arbeiten musste. Wir trafen uns die ersten Wochen im Büro. Sie war am Schreibtisch, Flemming und ich auf der Krabbeldecke. Sie stellte mir den Kinderwagen hin und bat mich mit ihm spazieren zu gehen, wenn er müde und gestillt war. Aus ihrer Erzählung von den ersten Monaten mit Flemming wusste ich, dass sie ihn getragen hatte und bat um ihre Erlaubnis ihn auch tragen zu dürfen. Als ich ihn eingebunden hatte, nahm die Magie ihren Lauf … Ich fand ihn ja schon von Anfang an süß, aber als er so nah bei mir war und in der Tragehilfe an der frischen Luft gemütlich einschlief, hatte ich mich verliebt. Das Gefühl ein Baby ganz ruhig und liebevoll in den Schlaf begleiten zu dürfen und es zu schaffen, war unbeschreiblich schön. Und auch bei ihm war die stetig wachsende Bindung zu beobachten. Er freute sich immer mich zu sehen und entdeckte mit mir ein Stück die Welt. Ich war gute 2,5 Jahre in der Familie und begleitete auch noch seinen jüngeren Bruder. Durch diese intensive Zeit und die unzähligen Tragemomente sind wir uns sehr vertraut und die beiden bis heute tief in meinem Herzen.

Die auffächerbaren Träger der Wrap Conversion eignen sich sehr gut zum Tragen auf der Hüfte. Da die Wrap Conversion in der Regel keine Polster hat, sondern mit der Gewichtsverteilung durch viel Fläche arbeitet, legen sich die breiten, dünnen Träger perfekt an den Körper an und verteilen das Gewicht gleichmäßig, vorausgesetzt, es wird nicht zu locker gebunden.

Wrap Conversion von vorne

Wrap Conversion von hinten

Wrap Conversion vor dem Bauch

Wrap Conversion auf der Hüfte

Mei Tai und Wrap Conversion auf einen Blick

+ Beide Systeme passen sich perfekt an den Körper des Tragenden an.
+ Beide sind sehr einfach anzulegen und bieten wenig(er) Fehlerpotenzial.
+ Die Wrap Conversion wird gern als Alternative zum Tragetuch genommen, weil sie durch den Bauchgurt mehr Sicherheit vermittelt, den Komfort einer Tragehilfe bietet, dabei aber immer noch dem Tuch sehr ähnlich ist.

– Die langen Bänder sind zwar manchmal störend, können aber mit ein paar Tricks gut vor Bodenkontakt geschützt werden.
– Für große, schwere Babys kann die Gewichtsverteilung ausschließlich über die Schulter unbequem werden. Hier kann ein Fullbuckle für die Entlastung die bessere Wahl sein.

Der Fullbuckle

Tragehilfen dieser Gattung werden ausschließlich mit Schnallen geschlossen, daher werden sie als »Fullbuckle« bezeichnet. Auf den ersten Blick wecken Tragehilfen dieser Art den Eindruck, als seien sie einfach und schnell anzulegen, weil sie so ähnlich wie ein Rucksack aussehen. Das ist auch meist der Grund, warum sich viele Eltern spontan für ein solches Exemplar entscheiden. Doch hier steckt der Teufel gerne im Detail. Denn wenn eine Trage viele Einstellungsmöglichkeiten besitzt, dann können wir auch vieles »falsch« einstellen.

Fullbuckle von vorne

Träger bei kleinem Baby

Träger bei großem Baby

Es gibt verschiedene Möglichkeiten, wie die Trägergurte befestigt sein können: Befindet sich die Befestigung direkt am Rückenteil, sorgt das für eine wirklich gute Gewichtsableitung über den Bauchgurt auf die Hüfte. Sind sie unten am Bauchgurt befestigt, ähnelt das Tragegefühl eher dem eines Mei Tais.

Ein Fullbuckle bietet normalerweise verschiedene Tragepositionen: Immer kann vor dem Bauch, meistens auch auf dem Rücken getragen werden. Wenn die Träger an ihren Schnallen zu öffnen sind, kann die Tragehilfe auch auf der Hüfte getragen werden.

Die meisten Eltern denken, dass der Fullbuckle eine einfache, intuitiv einzustellende Tragehilfe ist, doch wie schon angemerkt, stimmt das leider nicht.

Um das zu verdeutlichen, vergleichen wir den Fullbuckle mit seinen vielen verschiedenen Einstellmöglichkeiten gerne mit einem Autositz. Was passiert, wenn der Sitz perfekt auf dich eingestellt ist – und dann fährt dein Partner mit dem Auto? Der Spiegel, der Sitz und möglicherweise das Lenkrad sind völlig verstellt und du musst alles neu justieren.

Fullbucke auf der Hüfte

Genau so ist es, wenn eine kleine Mama und ein großer Papa eine Tragehilfe miteinander teilen möchten. Der Vater braucht eine völlig andere Einstellung der Träger und vor allem eine andere Position der Verbindungsschnalle auf dem Rücken. Diese ist besonders fehleranfällig; oft sieht man, dass der Verbindungsgurt im Nacken sitzt, statt auf Schulterblatthöhe. Viele Eltern denken, sie kämen sonst zum Verschießen der Schnalle nicht an den Gurt. Doch so lange die Tragehilfe nicht richtig festgezogen ist, sitzt der Verbindungsgurt noch im Nacken; erst mit dem Festziehen rutscht er dann automatisch auf die richtige Höhe.

Für mehr Komfort ist es beim Tragen mit einem Fullbuckle eventuell sinnvoll, die Träger auf dem Rücken zu kreuzen. Dies ist jedoch nur dann möglich, wenn die Träger gerade geschnitten sind und die entsprechenden Schnallen auch gelöst werden können. Zur Verdeutlichung haben wir für beide Varianten ein Video gedreht, denn es ist uns ein Herzensanliegen, dass auch du

Verbindungsschnalle auf dem Rücken

Der Fullbuckle vor dem Bauch

Verbindungsgurt und Träger kreuzen

Mit dem Fullbuckle auf dem Rücken tragen

Verbindungsgurt schließen

wirklich bequem tragen kannst. Wir zeigen dir in den Videos zum Fullbuckle nicht nur die Bauchtrageweise, sondern auch einen sehr einfachen Weg, wie du jederzeit und überall dein Baby auf den Rücken bekommst. Probier das unbedingt mal aus, sobald dein Baby und du ein eingespieltes Trage-Team seid!

Entscheidet ihr euch also für einen Fullbuckle und habt verschiedene Körperstaturen, ist es eine Überlegung wert, dass jeder seine eigene Tragehilfe bekommt, die dann optimal auf den:die jeweilige:n Träger:in angepasst wird. Alternativ könnt ihr euch mit Nadel und Faden in eurer Lieblingsfarbe jeweils die Positionen der Schnallen und Einstellungen markieren. Dadurch wird das Anlegen wieder einfacher.

Vor- und Nachteile des Fullbuckle

+ Einmal richtig eingestellt, sitzt die Tragehilfe bis zum nächsten Wachstumsschub perfekt.
+ Bei größeren Babys ist die Gewichtsverteilung besser, da sowohl über die Schulter als auch über die Hüfte abgeleitet wird.
+ Fullbuckle haben oft viele Verstellmöglichkeiten und sind daher gut auf Eltern und Baby einzustellen, vorausgesetzt sie werden korrekt genutzt.
– Tragen mehrere Familienmitglieder, müssen die Schnallen immer wieder neu eingestellt werden, was allein teilweise schwierig ist und ein paar zusätzliche Markierungen benötigt.
– Durch die vielen Schnallen werden oft falsche Einstellungen vorgenommen, die zu Verspannungen und Schmerzen führen können.
– Die Träger sind teilweise zu lang oder zu kurz, sodass ein Fullbuckle dringend zur Körperstatur passen muss und lieber nicht blind gekauft werden sollte.

Der Onbuhimo

Ein Onbu(himo) ist eine aus Japan stammende Tragehilfe ohne Bauchgurt. Das Gewicht des Babys, welches im Idealfall schon im Sitz-/Laufalter oder älter ist, liegt nur auf den Schultern des Tragenden. Das Kind wird im Onbuhimo relativ hoch auf den Rücken gebunden; diese Tragehilfe ist dann perfekt, wenn ein Bauchgurt als unangenehm empfunden wird, beispielsweise in der Schwangerschaft, oder wenn es darum geht, ein kleines und ein großes Kind gleichzeitig (Tandem) zu tragen.

Praktisch ist der Onbuhimo vor allem auch im Winter beim Tragen über der Jacke, da hier kein störender Bauchgurt den dicken Stoff der Jacke zusammenschiebt. Manche Hersteller bieten auch Hybridtragehilfen an: Bei der Einstellung als Fullbuckle wird der Bauchgurt aus dem Rückenteil herausgezogen, sodass er sich zu einem Onbuhimo wandelt.

Der Onbuhimo

Vor- und Nachteile des Onbuhimo

+ Kein störender Bauchgurt.
+ Gut für das größere Kind und in der Schwangerschaft geeignet.
+ Durch das hohe Tragen auf dem Rücken ist die Gewichtsverteilung sehr angenehm.
– Der Onbu ist für das Tragen auf dem Rücken konzipiert.
– Er ist in der Regel erst für große Babys gemacht, etwa ab dem Sitzalter.
– Er eignet sich eher für erfahrene Trageeltern.

STEFFIS TRAGEMOMENTE

Nach vielen Jahren Trageerfahrung mit meinen beiden großen Kindern dachte ich in der Schwangerschaft mit meiner jüngsten Tochter, dass mich ja jetzt nun nichts wirklich Neues erwarten könne. Ich hätte nicht falscher liegen können: Carlotta war ein sogenanntes Schreibaby und alle guten Tricks, die bisher doch immer funktioniert hatten, waren für die Katz. Egal ob im Tuch, in der Tragehilfe, auf dem Arm oder auf dem Bett – das Baby schrie über Stunden mit hochrotem Kopf und war durch nichts zu beruhigen. Unsere Nerven lagen mehr als blank, denn das Gefühl, ihr nicht helfen zu können und zusätzlich durch das laute Babyweinen einen extrem hohen Stresspegel zu haben, kann man schwer nachvollziehen (heute würde ich tatsächlich Noise-Cancelling-Kopfhörer aufsetzen, um mich ein wenig zu entlasten). Nach einigen Monaten wussten wir aber, was mit ihr los war: sie hatte KiSS-2 und Schmerzen durch die Blockaden an ihrer Halswirbelsäule. Nie vergesse ich den Moment, als wir nach der manualtherapeutischen Behandlung an der Haltestelle der Straßenbahn standen. So banal wie es klingt, aber zum allerersten Mal hat sich mein Baby im Tuch einfach entspannt an mich angekuschelt und ist ruhig eingeschlafen. Die Welt stand um uns beide herum still und ich kann das Gefühl und die Situation bis heute mit allen Sinnen abrufen.

Eltern und Kinder mit Beeinträchtigungen und besondere Situationen

Es gibt unzählige verschiedene Besonderheiten bei Kindern und auch bei Erwachsenen, die ihr Baby trotz einer Beeinträchtigung gerne tragen möchten. Fast immer gibt es eine Lösung, die das Tragen ermöglicht – es lohnt sich also, alles Erdenkliche auszuprobieren, um herauszufinden, was am besten zu eurer Situation passt. Ihr seid die Fachleute für euch! Gerade, wenn die Voraussetzungen nicht optimal erscheinen, kann eine zusätzliche Trageberatung eine sinnvolle Investition sein!

Beispiele für besondere Situationen bei den Kindern:

- Mehrlinge
- Frühgeburtlichkeit
- KiSS oder andere Blockaden
- Chromosomenanomalien
- hypotoner oder hypertoner Muskeltonus
- Spastiken
- Klumpfuß
- erhöhtes Risiko für SIDS oder Herzfehler mit Monitorüberwachung
- Hüftdysplasie oder Hüftluxation

Besondere Situationen bei den Eltern:

- Bandscheibenvorfälle oder Skoliosen
- Mobilitätseinschränkungen
- Sehbehinderungen oder Gehörlosigkeit
- Überforderung
- (postpartale) Depression

Psychische Erkrankungen im Wochenbett

Manchmal ist die Zeit mit dem Baby im Arm ganz anders, als wir sie uns während der Schwangerschaft vorgestellt haben. Vielleicht erkennst du dich hier wieder?

- Eigentlich sollen Babys doch so viele Stunden am Tag schlafen, aber dein Baby weint so viel?
- Eigentlich solltest du überschäumen vor Glück, aber du kannst die Zeit mit deinem Baby gar nicht so richtig genießen und bist niedergeschlagen oder traurig?

In der ersten Zeit nach der Geburt eines Kindes stellt sich in der Regel das ganze Leben um und ihr und euer Baby müsst alle erst einmal im Familienleben ankommen. Dass sich gerade die Mutter auf Grund der Hormone wenige Tage nach der Geburt vorübergehend in einem Stimmungstief, dem sogenannten Babyblues, befindet, ist gar nicht so selten. In der Regel verschwindet der Babyblues von alleine; die Nähe zu dem Baby, Ruhe und Verständnis sowie die Unterstützung von Familie und Freunden können dabei helfen.

Wenn das Stimmungstief aber nicht von selbst vergeht oder schleichend zu einem späteren Zeitpunkt beginnt, kann es sich dabei auch um eine sogenannte Wochenbettdepression (postpartale Depression) handeln. Diese kann nicht nur Mütter, sondern auch Väter betreffen und sogar bis zu zwei Jahre nach der Geburt auftreten! Sucht euch auf jeden Fall Hilfe und Unterstützung. Erste Anlaufstellen sind die betreuende Hebamme oder dein:e Frauen- oder Hausärzt:in.

Tragen ist zwar kein Allheilmittel, doch steht mittlerweile fest, dass es durchaus dazu beitragen kann, die Entwicklung einer Wochenbettdepression zu verhindern. Studien haben gezeigt, dass bei Müttern, die im ersten Monat nach der Geburt viel Hautkontakt mit ihren Babys hatten, das Risiko der Entwicklung einer Wochenbettdepression durch eine verringerte Ausschüttung an Stresshormonen deutlich reduziert war.[4]

Schreibaby

Anhaltendes Schreien belastet nicht nur das Baby, sondern auch die Eltern. Die Nerven liegen blank, denn oftmals ist die Ursache unbekannt und man weiß nicht, wie man sein Baby beruhigen kann. Sollte dein Baby viel schreien, so kann das Tragen es ihm leichter machen, sich über den Körperkontakt mit dir zu regulieren.

Sollte es dir zu laut werden, so leg dein Baby bitte nicht ab, sondern gönn dir Ohrstöpsel oder Kopfhörer. Langanhaltendes Weinen ist auch für Eltern unfassbar anstrengend und eine nervliche Belastung. Um dich selbst zu beruhigen, damit du dann wiederum dein Baby beruhigen kannst, ist es eventuell eine enorme Erleichterung, das Babyweinen auszublenden und dem Kind trotzdem nah zu sein. Auch das Tragen auf dem Rücken kann hier gut helfen. Das Baby hat die Nähe die es braucht, aber es weint »hinter dir«, was das Durchhalten erleichtern kann.

Von einem Schreibaby spricht man, wenn die Unruhe oder das Schreien mehr als drei Stunden pro Tag, mehr als drei Tage pro Woche und über mehr als drei Wochen auftritt. Bei solchen akuten Schreiattacken kann es sein, dass das Tragen nicht ausreicht, um dein Baby zu beruhigen. Dann findest du beim Kinderarzt oder der Kinderärztin Hilfe – bei exzessivem Schreien wird es auch darum gehen, Erkrankungen, Allergien, ein KiSS-Syndrom oder organische Ursachen auszuschließen. Auch Schreibabyambulanzen finden sich in jeder größeren Stadt. Achte bitte darauf, dass dort bindungsorientiert gearbeitet wird!

Weitere Hilfen bei Schreibabys

Es gibt verschiedene Beratungsangebote, wie beispielsweise die Emotionelle Erste Hilfe (ausgebildete Fachkräfte findest du unter www.emotionelle-erste-hilfe.org). Auch hier wird bindungs- und beziehungsorientiert gearbeitet, die Fachleute begleiten dich und deine Familie professionell durch diese Krisenzeit. Und wenn gar nichts mehr geht und du Aggressionen gegenüber deinem Baby entwickeln solltest, kannst du dich auch an die Seelsorge oder den Krisendienst wenden – telefonisch, online oder vor Ort (0800-1110111, online@telefonseelsorge.de).

Gibt es Babys, die nicht getragen werden wollen?

Immer mal wieder lesen oder hören wir, dass Babys nicht getragen werden möchten. Aber gibt es das wirklich? Eigentlich erwarten Babys als Traglinge nichts anderes, als dass sie getragen werden, die Nähe der Bezugsperson spüren, in (Körper-)Kontakt sind und auf Augenhöhe sicher die Welt erkunden können. Wenn ein Baby also scheinbar nicht getragen werden möchte, sollten wir genauer hinsehen. Denn tatsächlich gibt es verschiedene Gründe, die dazu führen können, dass es dem Baby gerade nicht angenehm ist – und es das dann auch deutlich zeigt.

Zu warm

Im Hochsommer oder auch bei zu warmer Kleidung kann es dem Baby im Tuch oder in der Tragehilfe schlichtweg zu warm sein. Achte daher darauf, die Kleidung und auch die Bindeweise an das Wetter anzupassen (siehe »Tragen im Sommer«).

Zu unsicher

Wenn die Eltern mit ihren Handgriffen noch sehr unsicher und vorsichtig sind, dann bemerkt auch das Baby diese Unsicherheit und spiegelt sie zurück. Daher ist es sinnvoll, zunächst mit einer Tragepuppe die Handgriffe zu üben, bevor du dein Baby einbindest und ihr gemeinsam Neuland betretet. Achte darauf, für die ersten Versuche einen günstigen Moment zu erwischen – dein Kind sollte satt und ausgeschlafen sein – und denke daran, Geduld mit dir selbst und dem Baby zu haben.

Oft ist es hilfreich, während des Einbindens quer durch die Wohnung zu laufen – das baut Adrenalin ab und beruhigt sowohl das Baby als auch die tragende Person. Vielleicht kennst du das von hitzigen Diskussionen oder Telefonaten: In solchen Momenten haben wir den Impuls aufzustehen und herumzugehen. Und ganz ähnlich ist es auch in dieser Situation, mit dem Vorteil, dass das weinende Baby aufgrund der Ablenkung, gepaart mit der Bewegung, oft mit dem Weinen aufhört.

Doch selbst wenn das nicht der Fall sein sollte: Binde unbedingt bis zum Ende weiter. Auch wenn dein Baby weint – es ist nicht allein in seinem Zimmer, sondern auf deinem Arm, in Sicherheit. Wenn du dein Kind komplett und schön fest eingebunden hast, wird es vermutlich aufhören zu weinen; dann aber auch raus mit euch an die frische Luft!

Aua! – Blockaden

Wenn das Baby sich gegen den Druck des Tuchs im Nacken oder auch gegen das Einnehmen der Anhock-Spreiz-Haltung wehrt, dann könnten Blockaden oder Verspannungen vorliegen. In dem Fall ist es für das Baby schmerzhaft, den Druck zu spüren beziehungsweise die Beinchen über das erträgliche Maß hinaus positioniert zu bekommen. Die Gründe für das Entstehen von Blockaden sind vielfältig und reichen von Zug/Druck am Köpfchen unter der Geburt (Kristellern, Kaiserschnitt, Saugglocke) über sehr schnelle oder langwierige Geburten bis hin zu Beckenendlagen oder Mehrlingsschwangerschaften. Die Ursachen sind nicht immer bekannt, und Blockaden können auch zu einem späteren Zeitpunkt entstehen. Unsere Empfehlung lautet, eine:n Osteopathe:in oder KiSS-Spezialiste:in aufzusuchen, um das Baby mal genauer anschauen zu lassen – das gilt vor allem in den folgenden Situationen:

- nach einem Kaiserschnitt
- das Baby spuckt viel
- es gibt Stillschwierigkeiten
- das Baby weint ständig
- es überstreckt sich
- es kann nicht richtig anhocken
- es hat eine Lieblingsseite
- es hat einen plattgelegenen Hinterkopf
- du hast das Gefühl, hier stimmt etwas nicht

Genauere Infos findest du hier: www.manmed.info

Zu unbequem

Ist die Tragehilfe passend eingestellt? Ist vielleicht die Windel voll? Drückt irgendwo die Kleidung? Ist der Strampler oder die Strumpfhose an den Zehen zu eng und muss an den Füßchen ein wenig länger gezogen werden? Manchmal kann auch die Kleidung des Tragenden zu unbequem für das Baby sein. Vielleicht kratzt der Wollpullover an der empfindlichen Babyhaut. Mitunter mögen Babys auch gerade diese Tragehilfe nicht und lieben eine andere? Hier hilft das Testen!

Nicht immer kann man den Grund der Ablehnung herausfinden. Vielleicht ist es ganz einfach nicht die richtige Tragehilfe oder Bindeweise für das Baby, auch wenn sie für den Tragenden bequem ist.

Große Brüste

Tatsächlich widmen wir den großen Brüsten hier ein eigenes Kapitel, denn mit denen ist das Tragen manchmal gar nicht so einfach – aber glücklicherweise gibt es ein paar wichtige Tipps und Tricks, die helfen können:

- Das Babyköpfchen versinkt in der Tragehilfe, denn du kannst den Bauchgurt nicht so weit nach oben bringen, weil die Brüste im Weg sind? Dann kannst du das Rückenteil durch Abbinden verkürzen. Nimm einfach einen Schnürsenkel oder ein Stück Band und knote diesen unten um den Rückenteil zusammen. Dadurch »klaust« du dem Rückenteil eine gewisse Länge und dein kleines Baby verschwindet nicht in der Trage.

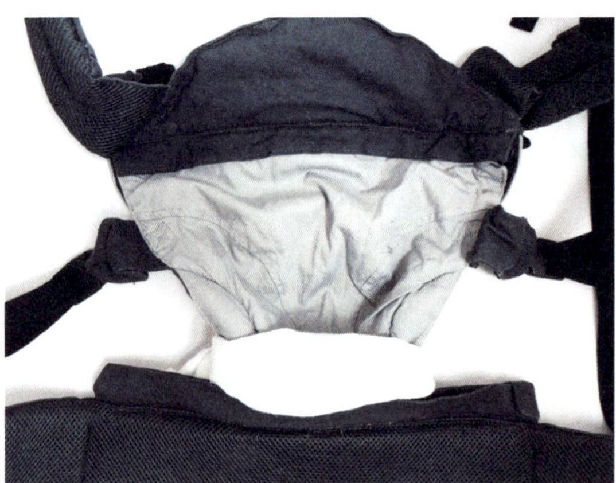

Steg mit einem Tuch bändigen

- Dein Baby kann nicht richtig anhocken, weil es mit den Knien immer gegen die Unterseite deiner Brüste kommt? In diesem Fall kannst du die Knie leicht anheben, sodass diese automatisch in deine Brüste drücken. Das fühlt man kaum und es tut nicht weh. Teste es gerne mal aus. Manchmal reicht es auch, das Baby wenige Zentimeter tiefer zu positionieren, wobei es aber immer noch fest eingebunden ist. Alternativ kannst du dein Baby etwas mehr zu einer Seite hin positionieren, sodass es quasi um eine Brust herum anhockt.

- Die Trägergurte laufen seitlich immer auf den Brüsten entlang zum Rückenteil und tun weh? Dann ist dies nicht die richtige Tragehilfe für dich. Es gibt einige Modelle, wie alle Mei Tais und diejenigen Fullbuckle, deren Trägergurte am Bauchgurt befestigt werden können, die dann bequemer für dich sind. Der Winkel verläuft anders und die Brüste werden nicht gequetscht.
- Die Wickelkreuztrage mit dem fest gewebten Tuch kann durch den Verlauf der festgezogenen Kopfkante zu einem Milchstau führen oder sich einfach nicht gut anfühlen, wenn du große Brüste hast. Manchmal ist es hilfreich, wenn du einen dünnen Waschlappen an den drückenden Stellen unter der Kopfkante einschlägst, sodass sich eine leichte Polsterung an der Stelle ergibt. Finde durch Ausprobieren heraus, ob die Bindeweise für dich passt.

Milchstau

Nicht nur bei großen Brüsten kann es sein, dass die festgezogene Kopfkante des Tragetuchs die Entstehung eines Milchstaus begünstigt; das gilt insbesondere dann, wenn du dazu neigst und die Kante ungünstig über deinen Oberkörper verläuft.

Wenn sich nach den ersten Stillerfahrungen andeutet, dass du häufiger einen Milchstau entwickelst, empfehlen wir, nicht mit einem festgewebten, sondern eher mit einem elastischen Tuch zu tragen oder mit einer Tragehilfe. Diese führen in den seltensten Fällen zu solchen Schwierigkeiten.

Milchstau – was tun?

Vibration kann Abhilfe schaffen! Ein Auflegevibrator, eine elektrische Zahnbürste oder ein Massagekäfer können Wunder bewirken, wenn du feststellst, dass deine Brust spannt oder sich heiß anfühlt – das sind oft die ersten Vorboten eines Milchstaus. Einfach auf der entsprechenden Stelle auflegen und natürlich stillen, stillen, stillen! Im besten Falle mit dem Kinn deines Babys in Richtung der verhärteten, schmerzenden Stelle. Bitte dringend eine Hebamme oder Stillberater:in kontaktieren.

Medizinisches Fachpersonal oder Hebamme raten vom Tragen ab

Es kommt immer wieder vor, dass Kinderärzt:innen, Physiotherapeut:innen oder die Hebamme dazu raten, das Kind nicht zu tragen. In diesem Fall sind natürlich die Gründe für eine solche Aussage entscheidend. Seid du und dein Baby gesund und unauffällig, gibt es keinen Grund, das Kind nicht zu tragen.

Möglicherweise beruht die Meinung der Mediziner:innen auf Erfahrungen, die nicht ganz aktuell sind, vielleicht haben sie Bilder von veralteten Tragehilfen oder schlecht gebundenen Tüchern vor Augen. Frag ruhig nach, worauf die ablehnende Haltung dem Tragen gegenüber basiert!

Gibt es tatsächlich medizinisch begründete Bedenken, die aus Sicht deines medizinischen Umfelds bei deinem Kind und dir gegen das Tragen sprechen, sieht die Situation natürlich anders aus. Doch auch dann gibt es vielleicht noch eine Lösung, die euch die gemeinsame Tragezeit ermöglicht, daher empfehlen wir, unbedingt gemeinsam mit dem medizinischen Fachpersonal nach passenden Lösungen zu suchen. Im besten Falle werdet ihr dabei von einem:r Trageberater:in unterstützt, der:die sich in diesem Themenkomplex gut auskennt.

FAQ oder: Die kleine Trageberatung für Urban Legends

In unseren Trageberatungen begegnen wir immer wieder bestimmten Fragen; oft geht es dabei um Ängste oder auch Vorurteile, die mit dem Tragen verknüpft sind. Vielleicht beschäftigen sie auch dich? Dann findest du auf den folgenden Seiten viele spannende Hintergrundinfos, die dir helfen können, wenn du – etwa durch Kommentare oder Fragen aus deiner Umgebung – verunsichert bist. So bist du gut gerüstet und um keine Antwort verlegen, sollte dir mal wieder jemand begegnen, der sich kritisch über das Tragen äußert. Darüber hinaus ist es einfach faszinierend, wenn man versteht, warum Babys sich so verhalten, wie sie es nun einmal tun – und wie gut es ihnen tut, wenn sie getragen werden!

Warum weint mein Baby häufig, wenn ich versuche, es abzulegen?

Kommt ein Baby auf die Welt, dann ist ihm nicht klar, dass es in der Moderne mit all ihren Annehmlichkeiten gelandet ist. Nein, dem Neugeborenen erscheint die Welt auch heute noch ein ähnlich gefährlicher Lebensraum zu sein, wie es vor etwa 20 000 Jahren der Fall war. Es weiß nicht, dass seine Höhle eine Doppelverglasung und Sicherheitstüren hat, dass seine Eltern Lebensmittel einfach jederzeit im Supermarkt einkaufen können und dass man es auf dem Weg dorthin nicht am Körper tragen, sondern in einer Plastikschale liegend transportieren wird.

Unser Nachwuchs lebt also, wenn man es so betrachtet, noch in der Steinzeit, und auf deren Lebensverhältnisse ist er bestens eingestellt. Welche Konsequenzen hat die Tatsache, dass wir in der Moderne leben? Was bedeutet das für unsere Kinder (und uns)?

Unsere Babys werden noch immer ausschließlich von ihren Instinkten gesteuert – und diese Instinkte haben sich seit Urzeiten schlichtweg nicht verändert. Legst du dein Baby also ab, fürchtet es sich automatisch, denn seine Instinkte melden ihm, dass es völlig schutzlos ist und von einem Tier auf Nahrungssuche erbeutet oder womöglich von der weiterziehenden Sippe der Jäger und Sammler zurückgelassen werden könnte.

Wenn man sich das vor Augen führt, dann wird deutlich, dass für unsere Kinder sozusagen direkt nach der Geburt ein Kampf um Leben und Tod beginnt. Dabei gibt es für Babys keinerlei Grauzonen. Es herrscht entweder Krieg oder Frieden. Wird ein Baby abgelegt, ist dies für ein Menschenkind eine absolut unnatürliche und somit lebensgefährliche Situation – es überrascht also nicht, dass es schon nach kurzer Zeit beginnt, auf sich aufmerksam zu machen. Vielmehr ist das aus der Perspektive des Babys nur logisch und (über-)lebenswichtig. Im Laufe unserer langen Entwicklungsgeschichte hätten wir Menschen ein Baby zum Schlafen niemals einfach auf den Boden oder in eine Nachbarhöhle gelegt.

Muss ich immer »springen«, wenn mein Baby weint?

Reagieren wir Eltern sofort auf die Signale unseres Babys, wenn es weint, ist es durchaus möglich, dass es in Sekundenschnelle wieder ruhig ist und selig lächelt – reagieren wir nicht, wird sein Weinen lauter, schriller und verzweifelter (sogenanntes Kontaktweinen), um schließlich nach einiger Zeit zu verstummen. Das bedeutet jedoch nicht, dass sich unser Kind selbst beruhigt hat! Richten wir den Blick weit in die Vergangenheit, wird deutlich, dass es andere Gründe gibt, wenn das Kind sein lautstarkes Weinen einstellt: Einerseits hätte anhaltendes Schreien und Weinen wilde Tiere anlocken können, andererseits musste es seine Ressourcen schonen, um sein Überleben zu sichern. Und Weinen verbraucht viele Kalorien.

Unglücklicherweise wird dieses Verstummen in vielen Ratgebern und auch von Eltern oft noch völlig falsch gedeutet. Meist wird es so interpretiert, als hätte das Baby gelernt, sich selbst zu regulieren. Doch das Gegenteil ist der Fall. Die kleinen Wesen machen in solchen Situationen die Erfahrung, dass ihr Weinen nicht erhört wird, dass ihre Bedürfnisse nicht wichtig sind und dass es sich letzten Endes nicht lohnt, Energie zu verschwenden. Dabei ist es so wichtig, dass unsere Kinder von Beginn an immer wieder die Erfahrung der Selbstwirksamkeit machen dürfen. Dass sie etwas mit ihrem Weinen bewirken. Dass sie nicht hilflos sind.

Erlernte Hilflosigkeit

Ein Experiment mit Tieren zeigt ganz eindrücklich, wie sich die sogenannte erlernte Hilflosigkeit entwickelt. Hunde, die zuvor gelernt haben, dass sie durch Betätigen eines Hebels oder durch das Drehen eines Rades die Möglichkeit haben, Stromschlägen zu entgehen, können in darauf folgenden Situationen auf ihr Wissen, dass sie selber etwas an der Situation ändern können, zurückgreifen und sich in Sicherheit bringen. Hunde, die diese Erfahrung nicht gemacht haben, fügen sich ihrem Schicksal und erdulden die Stromschläge, ohne nach einem Ausweg zu suchen. Sie haben die Erfahrung gemacht, dass all ihr Suchen nach Lösungen sinnlos ist.[5]

Daher ist es absolut richtig, auf das Weinen deines Babys immer und im besten Falle schnell zu reagieren. Denn dein Baby kann noch nicht verstehen, warum du nicht kommst und dass es eigentlich keiner Gefahr ausgesetzt ist – und das bleibt noch viele Jahre so. Auch kann es gar nicht absichtlich weinen, um eine Reaktion von dir zu erhalten. Die Fähigkeit, absichtlich Dinge zu tun und Strategien zu entwickeln, erfordert einen immensen Grad der Hirnentwicklung, daher dauert es noch Jahre, bis hinein in das sogenannte Schulalter, bis Kinder dazu in der Lage sind. Vorher sind unsere Kinder sozusagen kleine »Fantasieexplosionskörper«, die im besten Falle immer wieder die wichtige Erfahrung machen dürfen, dass ihre Eltern jederzeit für sie da sind.

»Ist das Tragen nicht eine Sache der Entwicklungsländer?«

Blickt man zurück in die Menschheitsgeschichte, erkennt man, dass Menschen aller Zeiten und Kulturen ihre Kinder getragen haben – und selbst tragen zwei Drittel der Weltbevölkerung ihre Kinder. Unseren Babys liegt es quasi im Blut, dass sie überall mit hingenommen werden. In unserer Nomadenzeit, die gerade mal 20 000 Jahre her ist (evolutionsbiologisch gesehen ein Wimpernschlag), gab es keine Alternative dazu, die Säuglinge permanent dabeizuhaben. Und so ist es auch heute noch: Unsere Babys erwarten nichts anderes von uns, als ständig herumgetragen zu werden. Und zwar bestenfalls am Körper desjenigen, der auch für die Nahrung und die Erfüllung anderer Bedürfnisse der Babys sorgt. Menschenbabys brauchen die Sicherheit der Bezugsperson, viel Körperkontakt und eine zuverlässige, rasche Reaktion auf ihr Weinen. Sie fühlen sich außerhalb unserer Nähe nicht mehr sicher. Sobald diese Reaktion ausfällt, befinden sie sich sehr schnell im Ausnahmezustand, sind verunsichert und haben tatsächlich Todesangst. Daher: Tragen und Getragenwerden ist gut für alle Beteiligten, eigentlich immer und überall!

Der Kinderwagen – wer hat ihn erfunden?

Im Mittelalter wurden für den Kindertransport ab und an Schubkarren verwendet. Der eigentliche Kinderwagen aber wurde Anfang des 19. Jahrhunderts in Großbritannien erfunden. Dort war es üblich, täglich mit den Kindern spazieren zu gehen. Zunächst kamen dazu die Stubenwagen zum Einsatz, die man eigentlich in der Wohnung nutzte. 1840 wurde die erste Fabrik für Kinderwagen in England gegründet. Das ist noch keine 200 Jahre her – aus evolutionsbiologischer Sicht nur ein kurzer Augenblick. Daher konnten sich weder die Instinkte noch die Anatomie unserer Kinder auf diese große Veränderung in ihrer Lebenswelt einstellen. Hinzu kommt, dass dein Baby erst im Alter von etwa drei Monaten erkennen kann, wer den Kinderwagen schiebt. Vorher kann es noch gar nicht so weit gucken.

Will mein Baby nicht mehr in den Kinderwagen, wenn ich es trage?!

Manche Eltern sorgen sich, dass ihr Baby möglicherweise den Kinderwagen nicht mehr akzeptiert, wenn sie es ein paar Mal getragen haben, weil sie es dadurch an das Tragen gewöhnt haben könnten. Und ja, ein Kind, welches es kennt, getragen zu werden, fordert das vermutlich weiterhin ein. Dass es einige Kinder gibt, die sich partout nicht im Kinderwagen schieben lassen wollen, hat aber absolut nichts mit »Verwöhnen« zu tun, was gerne unterstellt wird. Die meisten Babys handeln instinktiv und das bedeutet: im besten Fall den ganzen Tag an unserem Körper verbringen. Babys sind effizient. Erinnern wir uns noch mal an die zuvor beschriebenen Ängste und Fähigkeiten, so ist auch klar, warum sie in der Regel lieber getragen werden:

- Sie fühlen uns in ihrer Nähe.
- Sie sehen mehr und deutlicher.
- Sie spüren sich besser.
- Sie haben weniger Angst.
- Sie können besser kommunizieren.
- Sie haben mehr Körperkontakt.
- Die Bewegung wirkt beruhigend.
- Sie können besser schlafen.
- Mit einem Wort: Sie sind einfach in Sicherheit.

Ist der Kinderwagen denn so schlimm?

Nein, schlimm ist der Kinderwagen natürlich nicht! Es gibt keinerlei Studien oder Untersuchungen dazu, ob das ständige Liegen in einem Kinderwagen schädlich ist oder eben auch nicht. Es gilt, wie so oft im Leben: »Die Dosis macht das ›Gift‹.« Du hast in diesem Buch viel darüber erfahren, warum das Tragen gerade im ersten Lebensjahr wirklich perfekt ist. Auf der Grundlage dieser Informationen kannst du ganz individuell entscheiden, ob, wie und wie viel du dein Kind tragen möchtest – und diese Entscheidung muss zu deinem Baby, zu dir, zu deiner Familiensituation passen. Ihr müsst euch wohlfühlen, das ist das Allerwichtigste!

Gut liegen im Kinderwagen – gewusst, wie!

Auch wenn du dein Baby in einem Kinderwagen schiebst, solltest du ein paar Dinge bezüglich der Haltung beachten. Dass dies notwendig ist, darauf weisen die Hersteller selbstverständlich nur ungern hin, um nicht vor dem eigenen Produkt abzuschrecken und alles noch komplizierter zu machen. Es tut deinem Baby gut, wenn du versuchst, die Anhock-Spreiz-Haltung, die es beim Tragen einnehmen würde, auch im Kinderwagen zu gewährleisten. Das erreichst du beispielsweise, indem du ganz einfach ein Tuch oder eine Babydecke nutzt, die du nicht akkurat faltest, sondern eher wild zusammenknüllst, sodass eine Art gemütliches »Kissen« entsteht. Das legst du unter die angewinkelten Beine deines Babys, sodass es diese in einer viel optimaleren Haltung darauf ablegen kann. Auch eine Stufenlagerung, bei der das Babyköpfchen etwas höher gelagert wird als der Rest des Körpers, ist besser, als ganz flach zu liegen. Ein flaches, doppelt gelegtes Spucktuch reicht bereits aus.

Kann ich mein Baby nicht einfach ohne Tragehilfe tragen?

Na klar kannst du das! Aber während beim Tragen auf dem Arm die:der Tragende eine starke Ausgleichshaltung einnehmen muss, die sich dann tatsächlich ungünstig auf deinen Rücken auswirken kann, kommt es beim ergonomischen Tragen im Tuch oder in der Tragehilfe nicht zu einer Ausgleichshaltung. Auch der Schwerpunkt ist relativ körpernah und deine Hände sind dann frei.

Wie viel Körperkontakt ist eigentlich normal?

Besonders in den ersten Lebensjahren brauchen Kinder viel Körperkontakt, um sich sicher und geborgen zu fühlen. Vor allem in den ersten Lebensmonaten entwickelt sich das Kind so schnell, dass es regelmäßig überfordert ist und fast kontinuierlich unsere Nähe als Rückversicherung, Trost und Ruhepol braucht. Findet sich ein Baby in einer für es gefährlichen Situation wieder, schlägt sein ganzes System sofort Alarm – die Steinzeit lässt grüßen! Das ist aber – siehe oben – keine bewusste, willentliche Entscheidung des Babys, vielmehr übernehmen seine Instinkte in solchen Momenten die Kontrolle. Schauen wir einmal genauer hin, welche Situationen dafür prädestiniert sind:

Tragen ohne Tragehilfe

- **Allein sein:** In den ersten Monaten nach der Geburt haben Babys nur ein sehr eingeschränktes Sichtvermögen. Alles, was weiter als zwanzig Zentimeter von ihnen entfernt ist, können sie nicht mehr klar erkennen – diese Grenze korreliert wunderbar mit dem typischen Still-Abstand. Entfernst du dich aus diesem Bereich, bist du für dein Baby quasi verschwunden. Erst nach einigen Monaten kann dein Kind verstehen, dass du weiterhin existierst, auch wenn du den Raum verlässt (siehe Kasten). Viele Babys kommen deshalb auch im Kinderwagen nur schlecht zurecht, weil sie uns nicht sehen und somit auch nicht wissen, dass wir bei ihnen sind.
- **Hunger/Durst:** Diese Gefühle sind für kleine Babys völlig neu, denn bisher kannten sie nur die All-Inclusive-Versorgung im Bauch der Mutter. Die Nabelschnur, die kindliche Versorgungsleitung, war nicht nur zu bestimmten Essenszeiten durchlässig, und auch die Heizung in der Gebärmutter war konstant auf einer muckeligen Temperatur eingestellt. Alles regelte sich von allein. Nach der Geburt ist das nicht mehr der Fall und das Baby schlägt Alarm, wenn es nicht regelmäßig Milch bekommt. Muttermilch ist übrigens bereits nach etwa zwanzig bis neunzig Minuten verdaut, sodass wirklich nach Bedarf gestillt werden kann (zumal dadurch nicht nur der Milchbedarf, sondern auch das Saugbedürfnis des Kindes gestillt wird; obendrein sorgt die Oxytocinausschüttung beim Stillen für ein ausgeglicheneres Gemüt bei Baby und Mutter).
- **Nähe:** Menschen brauchen Körperkontakt für eine gesunde Entwicklung. Sind Kind und Bezugsperson einander nahe, lernen sie sich gut kennen und werden sicherer: die Eltern im Umgang mit dem Baby und das Baby im Vertrauen in sich selbst und sein Umfeld. Wie praktisch, dass das Tragen seit Jahrtausenden zum Alltag gehört und die Entwicklung des Babys ganz automatisch unterstützt!

Objektpermanenz und Co.

Erst im Alter von etwa acht Monaten entwickelt sich in der Wahrnehmung der Babys die sogenannte Objektpermanenz. In der ersten Lebenszeit gilt das »Aus-den-Augen-aus-dem-Sinn«-Prinzip: Dinge oder Personen, die es nicht mehr sieht, existieren nicht mehr für das Baby. Erst frühestens ab etwa dem sechsten Lebensmonat verstehen sie, dass Mama, wenn sie den Raum verlässt, nicht vollständig verschwunden ist – sondern zum Glück noch existiert.

Aber verwöhne ich das Baby nicht durch so viel Aufmerksamkeit?

Vermutlich würde niemand von dir behaupten, dass dein:e Partner:in dich besser nicht zu nett behandeln sollte, damit du dich gar nicht erst daran gewöhnst. Bei unseren Kindern sah das leider lange Zeit ganz anders aus, und viele Ammenmärchen halten sich bis heute recht hartnäckig. Die Angst vor dem Verwöhnen des Babys steht ganz weit oben auf der Liste, doch wir können dich beruhigen. Tatsächlich können wir Babys nicht verwöhnen – zumindest nicht, wenn wir das Wort im Sinne von »Verziehen« verwenden. Verwöhnen im Sinne von »jemandem helfen und für Geborgenheit sorgen« ist etwas ganz anderes und durchaus wichtig. Bleiben wir also lieber bei dem Wort »verziehen«: Das Konzept, das sich dahinter verbirgt, setzt voraus, dass ein Baby sich unser Verhalten merkt und dieses schamlos ausnutzt: Wenn es gemerkt hat, dass es auf den Arm genommen wird, sobald es weint, wird es – so der Gedanke – über kurz oder lang absichtlich weinen, damit es »bekuschelt« wird.

Und daher, so die logische Schlussfolgerung, sollten wir immer sparsam mit unserer Fürsorge sein, damit unser Kind nicht aus Bequemlichkeit unselbstständig bleibt. Doch diese Denkweise ist falsch und wir möchten vor dieser Haltung in der »Erziehung« warnen.

Wir unterstellen unseren Babys gern sehr früh, dass sie sich manipulativ verhalten und uns mit den vermeintlichen Strategien um den kleinen Finger wickeln will, da manche Verhaltensweisen unserer Kinder dies auch durchaus vermuten lassen.

Ein kleines Beispiel: Dein Baby weint jedes Mal, wenn du es ablegst. Und wenn es doch mal für ein paar Minuten unter einem Spieltrapez liegt, dann dauert es meist nicht lange und es weint, bis du es wieder auf den Arm nimmst. Hier könnte man durchaus vermuten, dass dein Baby das mit Berechnung tut, weil du anfangs ja auch immer zu ihm gekommen bist und es sich das gemerkt hat. Das kindliche Verhalten wirkt kalkuliert und absichtlich, doch das ist es nicht, denn dein Baby ist noch gefühlte Lichtjahre davon entfernt, Strategien zu entwickeln, um dich auf Trab zu halten. Solche manipulativen Strategien, die sehr gerne von kritischen Großeltern unterstellt werden, erlernen Kinder aber erst annähernd mit der sogenannten Schulreife. Ein Blick auf die Altersempfehlung vieler Gesellschaftsspiele reicht eigentlich, um zu verdeutlichen, dass vorher der Verstand noch nicht wirklich »online« ist.

Daher verwöhne dein Kind nach Herzenslust. Spring bei jedem Weinen und nimm jede Äußerung ernst! Kinder leben in ihrer ganz eigenen Wahrnehmung und Welt, die maßgeblich über ihre späteren Handlungen und Lebensziele mitentscheiden. Das bedeutet nicht, dass du ihnen jedes Eis kaufen oder jeden Teddybären schenken musst. Aber du darfst und solltest sie immer ernst nehmen und mit Liebe und Aufmerksamkeit überschütten.

Warum sind Babys so lange so unselbstständig?

Menschenbabys sind – wenn man sie beispielsweise mit vielen vergleicht – anfangs völlig unselbstständig und hilflos. Dass sie so unreif auf die Welt kommen, liegt daran, dass es sich bei ihnen um sogenannte »physiologische Frühgeburten« handelt. Wir Menschen haben im Laufe der Evolution nicht nur den aufrechten Gang (der mit einer veränderten Beckenform einhergeht), sondern auch ein sehr großes Gehirn (also: einen sehr großen Kopf) entwickelt. Daher sind wir evolutionsbiologisch darauf angewiesen, dass unser Nachwuchs auf die Welt kommt, ehe er außerhalb des Mutterleibs so richtig (über-)lebensfähig ist. Niemand möchte ein Menschenkind gebären, dass statt der üblichen neun Monate zwölf, fünfzehn oder gar zwanzig Monate Zeit hatte, sich im Bauch der Mutter zu entwickeln ... Menschenbabys kommen daher also eigentlich zu früh auf die Welt und sind darauf angewiesen, dann an unserem Körper extern weiter zu wachsen. Zudem hat der Stoffwechsel der werdenden Mutter nur eine begrenzte Kapazität; auch das führt dazu, dass unser Baby früher die warme Umgebung des Bauches verlassen muss. Im Grunde ist es vergleichbar mit einem Kängurubaby, welches ja ebenfalls nach der Geburt noch im Beutel reift.

Die Hilflosigkeit unserer Kinder war aber in den letzten Jahrtausenden zum Glück nie ein Problem, denn die Babys wurden schon aufgrund zahlreicher Gefahren, die ihnen in ihrer Umgebung drohten, immer dicht am Körper getragen, durch Eltern und andere Familienmitglieder.

Wieso kann mein Baby sich nicht allein beruhigen?

Vermutlich möchten wir alle, dass unsere Kinder lernen, sich selbst zu beruhigen und auch in ihrem späteren Leben nicht Gefahr laufen, Choleriker zu werden, in eine Depression oder einen Burn-out zu schlittern. Glücklicherweise wissen wir immer besser, wie wir die gesunde Entwicklung unserer Kinder unterstützen und dabei sogar präventiv wirksam werden können. Schauen wir auf Babys und Kleinkinder, so ist klar, dass sie sich schlichtweg nicht selbst beruhigen können – dafür sind sie mehrere Jahre lang auf Hilfe von außen, nämlich von uns Erwachsenen, angewiesen. Geht es ihnen schlecht, verlieren sie die Fassung, müssen wir unsere Kinder »co-regulieren«. Das bedeutet, dass eine der Hauptbindungspersonen dem Kind über direkten Körperkontakt von außen dabei hilft, sich zu beruhigen. Hintergrund dieser Herangehensweise ist das aus dem Sympathikus und Parasympathikus bestehende Nervensystem, das bei Kindern noch total unausgereift ist. Sie müssen durch uns immer wieder die Erfahrung machen, wie Beruhigung funktioniert, um es dann irgendwann auch selbst zu können.

Der Sympathikus und der Parasympathikus steuern unser sogenanntes limbisches System. Sie sorgen beispielsweise für Angst, Stress, Freude, Neugierde (Sympathikus) und für Verdauung, Erholung, Entspannung, Schlaf (Parasympathikus). Nun ist der Parasympathikus eines Kindes, wie es bei vielen Körperfunktionen zunächst der Fall ist, erstmal auf das Wesentliche reduziert. Und eine Fähigkeit wie Selbstberuhigung war, wenn wir in der Menschheitsgeschichte zurückblicken, für Babys von Mutter Natur nicht vorgesehen und daher unnötig. Die Kleinen waren ja immer auf dem Arm und in Sicherheit, denn niemand hätte ein Menschenkind einfach irgendwo abgelegt. Es war also eigentlich alles so eingerichtet, dass die Entwicklung der Selbstregulation quasi nebenbei von allein passiert ist: Der Parasympathikus »lernt« das Beruhigen durch den Trost, der immer wieder von außen kommt. Durch diese Co-Regulierung werden stetig die benötigten Hormone ausgeschüttet und das Nervensystem unseres Babys macht kontinuierlich die Erfahrung, was es braucht, um diesen Zustand allein herzustellen. Babys lernen also sehr wohl, sich allein zu beruhigen, allerdings brauchen sie dafür in den ersten Jahren unbedingt unsere Co-Regulation. Wir sollten auch nicht vergessen, dass auch wir Erwachsenen uns in der Regel beruhigen, indem wir zum einen Trost in Form von Nähe oder Austausch suchen; andererseits können wir auf unseren Verstand zurückgreifen, der uns dabei hilft, uns gut zuzureden.

Warum weint mein Baby, wenn ich es ins Tragetuch binden möchte?

Wenn du dein Baby die ersten Male in eine Tragehilfe oder ein Tragetuch einbindest, wird es vermutlich anfangen zu weinen, denn es spürt – und spiegelt – selbst die feinsten Nuancen deiner Unsicherheit oder Nervosität. Das ist ganz normal und sollte dich nicht davon abhalten, einfach weiterzubinden, bis alles gut sitzt. Viele Eltern geben an diesem Punkt zu früh auf, interpretieren das Weinen ihres Babys als Missfallen und verkaufen ihre Tragehilfe wieder. Durchhalten und in Bewegung bleiben ist hier das Motto (und im besten Falle eine:n Trageberater:in buchen, der:die euch unterstützt)!

Du kannst dir das so vorstellen, dass sich dein Baby in dein Nervensystem einklinkt und es mitnutzt, weil sein eigenes noch nicht wirklich gut eingespielt ist. Das ist auch der Grund, warum du es nur dann beruhigen kannst, wenn du selbst stabil, ruhig und gelassen bist. Bist du aufgebracht oder in Rage, wird dein Kind diese Aufregung spüren und auf gar keinen Fall ruhiger werden. Das ist ein Teufelskreis, den alle Eltern irgendwann mal kennenlernen. Du bist genervt, weil dein Baby immer noch weint, obwohl du doch quasi schon alles tust – schaukeln, singen, trösten –, und erreichst damit eher das Gegenteil, ganz egal, wie sehr du versuchst, dein aufgebrachtes Gemüt zu verbergen. Dein Baby wird in einer solchen Situation auf keinen Fall schlafen, sondern auf der Hut sein, weil es spürt, dass Mama oder Papa unruhig sind. Sofort sind dann auch die Instinkte des Babys hellwach: »Wer weiß, was noch passiert, ich bleibe lieber wach!«

Dicke Luft

Auch wir Erwachsenen klinken uns immer noch in fremde Nervensysteme ein. Wir kennen das Gefühl, wenn wir einen Raum mit mehreren Menschen betreten, die scheinbar gerade ein Krisengespräch führen: In einem solchen Moment würden wir am liebsten wieder umdrehen. Wir beschreiben solche Situationen als »dicke Luft« oder sagen »die Luft war wie zum Schneiden«. Auch hier handelt es sich um einen uralten Schutzmechanismus, der uns davor bewahrt, in lebensgefährliche Situationen zu rutschen. Ganz ähnlich geht es unseren schutzlosen Kindern.

Mir wurde empfohlen, das Baby schreien zu lassen, weil es irgendwann von allein aufhört?!

Wenn wir unseren Kindern die so wichtige Co-Regulation nehmen, dann bleiben sie in ihrer Angst, in ihrem Stress allein. Der aufgebrachte Sympathikus hat im unausgereiften Parasympathikus einfach keinen ebenbürtigen Gegenspieler, und wenn die Beruhigung durch uns fehlt, hat der Parasympathikus kaum Möglichkeiten, sich weiterzuentwickeln. Und das kann im späteren Leben immer wieder problematisch werden, wenn es stressig wird. Unglaublich viele Erwachsene, die in ihrer Kindheit nicht beruhigt wurden und alleine weinen mussten, wurden mit Sprüchen groß wie: »Ach, das tut nicht weh! Stell dich nicht so an!«. Nicht selten trinken Menschen, denen es so ergangen ist, gern mal ein Glas Wein oder Bier am Abend, um sich zu regulieren, treiben Sport bis zum Umfallen oder arbeiten bis zur Erschöpfung. Ihr Nervensystem hat nicht die Erfahrung machen dürfen, wie es sich anfühlt, zu entspannen. Es kennt nur die Erschöpfung.

Ein jugendlicher Körper kann diese Lebensweise oft noch kompensieren. Doch ab dem mittleren Lebensalter wird das schwieriger, und es ist kein Zufall, dass nicht nur Psycholog:innen, sondern auch Allgemeinmediziner:innen mittlerweile ihr Augenmerk auf die ersten Jahren der kindlichen Entwicklung richten. Je liebevoller und zugewandter wir aufwachsen, desto größer ist die Chance, später geistig, aber auch körperlich gesund durch das Leben zu gehen. Die Weichen werden also früh gestellt, und je besser Sympathikus und Parasympathikus im Gleichgewicht sind, desto besser kann sich die Resilienz – also die psychische Widerstandskraft bei der Bewältigung der Widrigkeiten des Lebens – entwickeln. Daher ist es wichtig, dass du auf jedes Weinen reagierst, dein Baby ständig an deinem Körper trägst, wenn es sich für dich gut anfühlt, und dich nicht von kritischen Stimmen verunsichern lässt. Co-Regulierung durch Körperkontakt, Nähe und Sicherheit stärken uns für das gesamte Leben, und wir wissen heute, wie wichtig die ersten Lebensjahre für die Entwicklung unseres Unterbewusstseins sind, mit dessen Hilfe wir einen Großteil unserer Entscheidungen treffen.

Geht mein Baby kaputt, wenn ich es nicht perfekt trage?

Nein.
Natürlich wäre es ganz wunderbar, wenn das Baby eine passende Anhock-Spreiz-Haltung einnehmen kann. Diese ist aber sowohl von der Bindeweise und der verwendeten Tragehilfe als auch von der Situation abhängig. Viel wichtiger ist, dass das Baby immer eine ausreichende Stützung erfährt und beim Tragen nicht zusammensackt. Dadurch kann das Kinn unter Umständen auf das Brustbein sacken, was dem Baby die Atmung erschwert.

Nicht in jeder Bindeweise oder Tragehilfe ist es möglich, eine Anhockung von etwa 110 Grad zu erreichen, und wir werden sicherlich nicht mit dem Winkelmesser nachmessen, da die Haltung ganz individuell eingenommen wird. Auch richtet sich ein waches und aufmerksames Baby frühzeitig beim Tragen auf, um neugierig die Umwelt erfassen zu können. Da die Wirbelsäule mit der Hüfte eine Einheit bildet, wirkt sich die Aufrichtung wiederum auf die Anhockung aus. Es kann also durchaus sein, dass dein waches Baby mit einem relativ geraden Rücken und einer Anhockung von etwa neunzig Grad in der Tragehilfe oder im Tuch getragen wird. Und das ist dann auch okay! Tragen ist keine Raketenwissenschaft, sondern ganz einfach.

Dürfen Babys beim Tragen Strampelanzüge tragen?

Natürlich! Der Hintergrund der Frage ist, dass ein im Liegen gut passender Strampler oder auch eine Hose mit Fuß beim Tragen nach oben rutschen kann. Möglicherweise würde in dem Fall das Babyfüßchen von den Zehen ausgehend eingeengt werden. Wenn du darauf achtest, dass das Baby hier noch ein wenig Platz hat, dann kannst du deinem Kind natürlich auch beim Tragen einen Strampelanzug anziehen. Wir empfehlen, bei Strampler einfach eine Nummer größer zu wählen. Alternativ zum Strampler können gerne Stulpen über die Beinchen gezogen werden – diese werden nicht durch das Tragen nach oben gezogen und sind darüber hinaus ein idealer Schutz vor Kälte. Einige Hersteller bieten Babylegs mit UV-Schutz an, die im Sommer eine sinnvolle Alternative sind.

Schläft das Baby nachts schlechter, wenn es tagsüber in der Trage schläft?

Dieser Frage liegt der Irrglaube zugrunde, dass Babys nachts nicht mehr schlafen würden, wenn sie tagsüber zu viele Nickerchen in der Tragehilfe gemacht haben. Das Gegenteil ist der Fall. Gerade besonders übermüdete Kinder finden sehr schwer in den Schlaf, etwa weil sie nicht die Möglichkeit hatten, schon einige der Eindrücke des Tages portioniert in Tagesschläfchen zu verarbeiten und all dies nun am Abend nachholen müssen. Der individuelle Schlafbedarf kann sehr stark variieren, ist angelegt und kann nicht wirklich beeinflusst werden. Zudem ist die Schlafentwicklung nicht linear, sondern ein stetes Auf und Ab und von vielerlei Faktoren abhängig.

Stimmt es, dass man erst ab dem dritten Monat tragen sollte?

Diese Aussage wird oft aus zwei verschiedenen Gründen getroffen: entweder im Hinblick auf die Kopfkontrolle des Babys oder aber vor dem Hintergrund des Wochenbetts. Im Hinblick auf das Baby ist zu sagen, dass natürlich ab Geburt getragen werden kann, sofern medizinisch nichts dagegen spricht. Der aktuelle Markt an Tragetüchern und Tragehilfen hat für jede Größe und jeden motorischen Entwicklungsstand das passende Gadget parat. Der Kopf kann in allen Trageweisen gestützt werden. Ist dies mit der gewählten Tragehilfe nicht zufriedenstellend umsetzbar, so kann man sich hier eines zusätzlichen Tuches (etwa dünnes Halstuch, Mullwindel) bedienen. Wichtig ist jedoch, dass in jedem Fall aufrecht getragen wird.

Sollte das Baby nicht lieber liegend getragen werden, solange es nicht sitzen kann?

Noch immer kursiert das Ammenmärchen, dass Neugeborene bis zu einem Alter von sechs Wochen liegend in der sogenannten »Wiege« getragen werden sollen. In der Wiege können jedoch die Bandscheiben aufgrund der waagerechten Position ihre Pufferfunktion nicht ausüben und die Anhock-Spreiz-Haltung wird nicht unterstützt. Zudem kann das Köpfchen nach vorne auf die Brust fallen, was die Gefahr der Rückatmung erhöht. Die über den Kopf verlaufende Tuchbahn behindert die Luftzirkulation zusätzlich. Alternativ kann jede andere neugeborenentaugliche Trageweise genutzt werden. Mit etwas

Übung kannst du in den meisten Tragevarianten sogar stillen oder das Fläschchen geben!

Manchmal kommen diese Empfehlungen aber auch von Hebammen oder Gynäkolog:innen, die dabei auf das Wohlergehen der frischgebackenen Mutter anspielen. Möglicherweise soll damit verhindert werden, dass Mütter schon im WochenBETT, einer Zeit also, in der sie hauptsächlich ruhen, kuscheln und als Familie zusammenwachsen sollen, dem Leistungsdruck nachgeben und über ihre persönlichen Grenzen gehen. Der Beckenboden ist in der ersten Zeit nach der Geburt noch sehr geschwächt, was ebenfalls dafür spricht, sich nicht zu übernehmen. Dennoch ist es natürlich möglich zu tragen.

Lernen Tragebabys später krabbeln oder laufen?

Im Gegensatz zu diesem alten Ammenmärchen ist das Tragen des Babys eine wundervolle Möglichkeit, die Entwicklung des Kindes zu fördern. Während des Tragens bekommt das Baby viele verschiedene Bewegungsinformationen, die verarbeitet werden. Die Spiegelneuronen ermöglichen es, dass beobachtete und wahrgenommene Bewegung im Gehirn verarbeitet wird, als würde sie vom Kind selbst ausgeführt werden. Nicht nur, dass dein Baby ständig Impulse in die Tiefenmuskulatur erhält, zudem werden beim Tragen alle Körper- und Fernsinne angesprochen.

Was die angeblich langsamere motorische Entwicklungen von getragenen Kindern angeht, so gilt Folgendes: »Vieles spricht damit dafür, dass das Getragen-Werden Säuglingen eine bedürfnis- und entwicklungsgerechte Umwelt bietet, in der sie automatisch und kontinuierlich eine motorische und sensorische Förderung erfahren. So wird die Tatsache, dass in kleinräumigen traditionellen Kulturen Asiens und Afrikas aufwachsende Säuglinge die motorischen Meilensteine rascher durchlaufen als ihre nach dem westlichen Pflegemodell aufwachsenden Kollegen auch auf das dort weit verbreitete Tragen zurückgeführt.«[6]

Schadet das Tragen meinem Rücken?

Unsere Rückenmuskulatur wächst mit ihren Aufgaben. Startest du recht frühzeitig damit, dein Baby zu tragen, wiegt es in der Regel zwischen drei und fünf Kilogramm. Das schaffst du mit links – auch über einen längeren Zeitraum. Wächst dein Baby dann und wird stetig schwerer, gewöhnen sich deine Muskeln langsam an die steigende Anforderung. Startest du aber erst mit dem Tragen, wenn dein Kind schon ein paar Monate alt ist und einige Kilogramm mehr auf die Waage bringt, so kann das zu einem ausgewachsenen Muskelkater führen.

Manchmal kommt es auch zu Verspannungen und Rückenschmerzen infolge des Tragens. Das ist häufig dann der Fall, wenn die Trageweise nicht passend zur individuellen Situation ist oder die Trageweise nicht richtig gut sitzt. Ein anderer Grund kann sein, dass das Baby gerade einen Wachstumsschub durchmacht und das schnell steigende Körpergewicht des Babys zu Verspannungen führt. Das Tragen des Babys ist wie ein Muskelaufbautraining – die Muskulatur gewöhnt sich also mit der Zeit daran. Wichtig ist, dass du dabei auf deinen Körper hörst und dich nicht überforderst. Mehrere kurze Trageperioden, die zeitlich langsam gesteigert werden, Muskelentspannungsbäder und Massagen können hilfreich sein.

Übrigens besteht die Muskelkatergefahr auch dann, wenn man die Trageweise ändert. Wechselst du beispielsweise auf eine Rückentrageweise, werden wieder andere Muskeln gefordert. Deshalb fange immer mit kleinen Zeiteinheiten an und steigere dich täglich.

Ist es gefährlich, das Baby stark zu überspreizen?

Tragen ist kein Hexenwerk. Gefährlich im eigentlichen Wortsinn sind beim Tragen nur zwei Situationen: Die Atmung des Babys ist gefährdet, oder das Baby ist so locker in der Trage, dass es herauszufallen droht. Alle anderen Dinge sind im schlimmsten Fall ungünstig oder suboptimal. Aus diesem Grund wehren wir uns auch gegen den Begriff »Gruseltrage«, denn an einem getragenen Baby ist nichts gruselig. Fast jede Tragehilfe kann mit dem einen oder anderen Kniff noch gepimpt werden, und ein getragenes Baby bekommt in jedem Fall Nähe und Geborgenheit.

Wovon wir jedoch tatsächlich abraten, ist das Tragen in der Wiege und auch das uneingeschränkte Tragen face forward, also mit dem Blick nach vorne von dem:der Tragenden abgewandt. In der Wiege kann das Köpfchen nach vorne auf die Brust fallen, was die Gefahr der Rückatmung erhöht. Die über den Kopf verlaufende Tuchbahn behindert die Luftzirkulation zusätzlich. Da in sogenannten Pouches, die in den USA gerne verwendet werden, tatsächlich schon Babys erstickt sind, raten wir auch davon nachdrücklich ab.

Für mich stand immer außer Frage, dass ich meine Kinder tragen möchte. Meine erstgeborene Tochter war ein High-Need-Baby und so konnte ich bereits mit ihr viel Trageerfahrung sammeln und vor allem auch die bindungsfördernde Wirkung hautnah erleben. Als dann meine zweite Tochter geboren wurde, war die Symbiose zwischen meiner großen Tochter und mir so stark, dass es mir unmittelbar vor der Geburt schwerfiel, mich bewusst aus dieser Symbiose zu lösen und mich auf dieses neue kleine Wesen einzulassen. Das Gefühl, nicht beiden Kindern gleichermaßen gerecht werden zu können, holte mich noch am ersten Lebenstag der Kleinen ein – die meisten Eltern von Geschwistern kennen das. So kam es, dass ich dieses Minibaby bereits an seinem zweiten Lebenstag im Tragetuch auf den Rücken band, um mit der Großen Straßenmalkreiden malen zu können. Aus heutiger Sicht würde ich das niemandem raten. Das Wochenbett heißt nicht umsonst so und die Gefahr sich zu übernehmen, weil es ja plötzlich möglich ist, ist groß. Aber damals hat es mich bestärkt und mir das Gefühl gegeben meiner großen Tochter gerecht zu werden und die gewohnte Aufmerksamkeit zu geben und zeitgleich auch meiner kleinen Tochter einen wohlbehüteten Platz in der Familie voller Liebe und Zuneigung schaffen zu können.

Meldet sich das Baby, wenn es zu wenig Luft bekommt?

Leider kann man das so nicht mit Sicherheit sagen. Die bereits erwähnten CO_2-Nester können dazu führen, dass das Baby in eine »CO_2-Narkose« fällt. Unter normalen Umständen ist eine hohe CO_2-Konzentration im Blut der stärkste Atemanreiz, den wir haben. Das weiß jeder, der einmal versucht hat, eine Zeit lang unter der Bettdecke zu lesen. Bei Babys kann es aber mitunter zu einer paradoxen Atemreaktion kommen. Dabei reagiert das Baby nicht planmäßig mit erhöhter Atemfrequenz und tieferen Atemzügen, sondern es atmet flacher und seltener. Dadurch steigt die CO_2-Konzentration weiter an und ein Kreislauf beginnt. Wird dieser Kreislauf nicht durchbrochen (entweder von außen durch die Eltern, einen externen Reiz oder aber durch eine Aufwachreaktion des Babys), so kann dies im schlimmsten Fall bis zum finalen Atemstillstand führen. Ob ein Baby auf so eine Situation mit einer paradoxen Atemreaktion antwortet, kann man vorab nicht wissen. Vermutlich spielen dabei viele Faktoren eine Rolle, und nicht alle davon sind im Vorfeld bekannt. Mögliche Einflussfaktoren sind etwa das Alter des Babys beziehungsweise ein kritisches Zeitfenster, (drohende) Infekte, Vulnerabilität des Babys oder auch exogene Risikofaktoren wie beispielsweise Nikotin.

Fazit: Die meisten Babys werden sich vermutlich tatsächlich melden, aber es gibt keine Garantie dafür. Auch wenn die Wahrscheinlichkeit nicht allzu hoch ist, dass es durch Sauerstoffmangel während des Tragens zu lebensbedrohlichen Situationen kommt, so sollte dennoch jedes unnötige (und leicht beeinflussbare) Risiko vermieden werden.

Ein Wort zum Schluss

Wir hoffen, dass dir dieses Buch guttut. Dass es dich inspiriert oder bestärkt, mit dem Tragen deines Babys zu beginnen, oder dass es dir dabei hilft, dein Baby bequem(er) zu tragen. Vielleicht kannst du dein Baby sogar besser verstehen.

Tragen ist in den ersten Lebensjahren eine wundervolle und elementare Erfahrung. Es kann dir den Alltag so sehr erleichtern, aber auch die wichtige Eltern-Kind-Bindung stärken. Wir glauben fest daran, dass die Welt durch das Tragen zu einem besseren Ort wird. Denn was kann es Schöneres geben als ein Baby, das, vertrauensvoll an dich gekuschelt, selig ein Nickerchen macht?

Wenn wir dir dabei helfen konnten, das Tragen ganz selbstverständlich in deinen Alltag zu integrieren, dann haben sich die vielen Jahre, in denen wir experimentiert (und auch Fehler gemacht …!) haben, gelohnt. Schließlich brauchst du all das, was wir uns erarbeitet haben, nicht selbst herausfinden, sondern du kannst dich entspannt zurücklehnen und dein Trageerlebnis genießen. Versuche dich von allem Perfektionismus zu lösen, wichtig ist nur, dass deine Entscheidungen rund ums Tragen zu deiner Familie und dir passen. Wenn sich alle wohlfühlen, ist die Lösung genau die Richtige!

Wenn du dir eine Trageberatung gönnen möchtest, weil wir auf den vorangegangenen Seiten so viel davon geschwärmt haben, dann kannst du beispielsweise bei der *Trageschule Hamburg* oder der *Trageschule Wien* nach einem:r Trageberater:in in deiner Nähe suchen. Achte darauf, dass er oder sie von einer

Trageschule geprüft und auf dem neuesten Stand ist. Das Wissen wächst und verändert sich im Laufe der Jahre, daher ist es auch für Trageberater:innen wichtig, sich kontinuierlich weiter zu qualifizieren.

Es hat uns viel Freude gemacht, dieses Buch zu schreiben, denn es gibt nichts Schöneres, als Eltern darin zu bestärken, liebevoll und wertschätzend mit ihrem Baby zu leben. Wir lieben unsere Arbeit und können noch gar nicht glauben, dass du dieses Buch in deinen Händen hältst. Es ist für uns sehr besonders.

Danke, dass du es gelesen hast und wir vielleicht dazu beitragen konnten, dass euer Familienleben jetzt etwas einfacher wird.

Alles Liebe wünschen
Diana, Frauke, Helena, Kim, Nadine, Stefanie und Viktoria

Wir möchten DANKE sagen

Gemeinsam danken wir zunächst all den wundervollen Damen und Herren, die wir in den letzten Jahren ausbilden durften. Ohne euch könnten wir diesen großartigen Beruf nicht ausüben! Wir danken euch für euer Vertrauen und dafür, dass ihr diesen Traum so lebt wie wir. Ihr begleitet Eltern im meist schwierigsten ersten Lebensjahr ihres Kindes mit so viel Herzblut – ihr seid so wundervoll!

Ein ganz besonderer Dank gilt auch den Herstellern der Trageszene, mit denen wir seit Jahren zusammenarbeiten. Ihr habt uns von Anfang an unterstützt und an uns geglaubt. Ihr seid fantastisch und macht diese Welt mit euren Produkten zu einem besseren Ort!

Danke, lieber Herbert Renz-Polster, der du uns auf deine wundervolle Art schon seit über 2010 mit deiner Expertise begleitest. Danke auch an Dr. Marc Wuttke, der gemeinsam mit Dr. Robby Sacher in Dortmund eine Praxis leitet und uns fachlich rund um die Wirbelsäulenentwicklung beratend zur Seite stand.

Wem wir noch unbedingt DANKE sagen möchten, sind unsere Familien, die diesen ganzen positiven Wahnsinn mitmachen. Den ständigen Austausch über neue Moves, wichtige Schnallen, neue Tücher, Puppen und ihre Köpfe, die Begleitung zu schrägen Events mit noch schrägeren Menschen, die sich der liebevollen Begleitung unserer Kinder verschrieben haben. Danke für die Hilfe bei Messen, Vorträgen und Kursen. Für die unzählbaren Kilometer Strecke durch die Welt im Namen des Tragens. Einfach für ALLES! DANKE.

Literaturangaben

1 Kirkilionis, E.: Die Grundbedürfnisse des Säuglings und deren medizinische Aspekte – dargestellt und charakterisiert am Jungentypus Tragling, in: *notabene medici* 27 (2), S. 61 – 66, 27 (3), S. 117–121 (1997)

2 Esposito, G. et al.: Infant calming responses during maternal carrying in humans and mice, in: *Curr. Biol.* 6, 23 (9), S. 739–745 (2013)

3 Riem, M., Lotz, A.M., Horstman, L.I., Cima, M., Verhees, M., Alyousefi-van Dijk, K., van IJzendoorn, M.H., & Bakermans-Kranenburg, M. J.: A soft baby carrier intervention enhances amygdala responses to infant crying in fathers: A randomized controlled trial. Psychoneuroendocrinology, 132 (2021), https://doi.org/10.1016/j.psyneuen.2021.10538

4 Bigelow, A. E., Power M.: Mother-Infant Skin-to-Skin Contact: Short- and Long-Term Effects for Mothers and Their Children Born Full-Term, in: Front Psychol. 11:1921 (2020), https://doi.org/10.3389/fpsyg.2020.01921

5 Seligman, M.E., Maier, S.F., & Geer, J.H.: Alleviation of learned helplessness in the dog, in: *Journal of Abnormal Psychology*, 73 (3,1), S. 256–262 (1968), https://doi.org/10.1037/h0025831

6 Renz-Polster, Herbert: https://www.kinder-verstehen.de/mein-werk/artikel/tragen-aus-kinderaerztlicher-sicht/, darin: C.M. Super: »Environmental effects on motor development: the case of »African infant precocity««, in: *Dev Med Child Neurol.* 18 (5), 1976, S. 561–567

Bildnachweis

Cover: Karoline Vitellaro Dokumentarische Geburts- und Familienfotografin aus Hannover, www.karovitellaro-fotografie.de; IG: karovitellaro_fotografie

Innenteil: © Charlotte Weise: 46
© Fotografie4me, Nils L'hoest: 11, 16, 52 m., 65
Fotografie & Design Daniela Krischik: 20
© Helena Hagemann: 44, 45
iStock.com: 19 (FamVeld); 135 (hadynyah)
Karoline Vitellaro, www.karovitellaro-fotografie.de: 50, 90, 130
Mamalila: 32, 34, , 40, 42, 43, 72, 73
Nanine Renninger Fotografie: 88, 109–115
© Nina Kurz: 25, 35, 36, 52 o., 52 u., 63, 70, 74, 81, 86, 106 gr. Bild, 117, 139
© Stefanie Eckstein/Trageschule Hamburg: 53–58, 69, 79, 84, 92–102, 105, 106 kl. Bild, 107, 126
stock.adobe.com: 62 (grigvovan); 188 (alfa27)